集合住宅設計のプロが
考える
「心地よさ」のカタチ

本当に価値のあるマンションの見つけ方

日建ハウジングシステム設計部

小学館

はじめに

●駅から○分、○LDKではわからないマンションの価値

マンションに住むとはどういうことでしょうか。住まいにマンションを選ぶ人は、そこに何を求め、何を期待しているのでしょうか？

住宅情報では、○○駅から徒歩○分、○LDK、○○㎡などの数字が示されます。もちろん、これらは重要な情報です。しかしマンションには数字だけでは表せない価値があります。

私たちはマンションやホテル、シニアレジデンスなど、集住施設の建築設計に50年以上携わってきました。建物や間取りを設計するだけではなく、周辺地域との調和や街づくりも含めて、住む人が安全に、そして豊かに暮らせる仕組みを考えてきました。

それが、社名に「ハウジングシステム」を付けた理由です。

マンション設計を通じて、常に「共同で住むことの価値とは何か」を問い続けてきました。価値観は時代とともに変化しますが、住まいには、普遍的な価値があると信じています。たとえば住む人が永く、愛着を持って住み続けられること。豊かさを実感しながら暮らせること。将来、手放すとしても社会の資産（ストック）として有益であること――。これらが私たちが考える「普遍的な価値」の一部です。

●住み心地と資産価値、どちらも満たすマンションとは

日本でマンションが生まれたのは１９５０年代。それから約70年がたち、２０２１年末時点で、日本に立つマンションは約６８６万戸を数えます。

立地も価格も広さも環境もさまざまある中、「本当に住む価値」のあるマンションとはどんなマンションでしょうか？　購入を前提に考えれば、それは「住み心地の良さと資産価値、どちらも満たすマンション」です。

はじめに、1979年に横浜市港北区の大豆戸《まめど》町に建てられた「大倉山ハイム」を少し紹介させてください。東急東横線の大倉山が最寄り駅で、今でこそ人通りが多く賑やかですが、建った当時は周囲に田畑が広がるのんびりした場所でした。

半世紀近くが経ちますが、今も多くの住民に愛されている「住み心地の良さと資産価値、どちらも満たすマンション」です。

数度の大規模修繕を経て、建物も周囲の環境もきれいに整備され、安全性を保っています。空き室が出てもすぐに買い手がつき、近隣の新築相場に引けを取らない価格で取引されています。中古でありながら資産価値が下がらないのです。

それを可能にした理由はまず、はじめから長寿命を視野に入れた設計にあります。マンションが建て替えを迫られる原因の多くは、給排水管などの劣化ですが、大倉山ハイムはそれを見越して水廻《まわ》りの修理がしやすい設計を取り入れています。

他にも、安全性に加えて近所付き合いもしやすい2戸当たり1つの階段、通称〝ニコイチ〟の採用、両面バルコニーによる抜群にいい風通しなど、住み心地の良さを追求した設計が見られます。

周囲の環境の良さも大きな理由です。大倉山ハイム一帯は、豊かな緑や手入れの行き届いた植栽に囲まれています。マンション棟と道路を隔てる樹木は、建設当時に植樹され、大きく育ちました。樹木の手入れには住民も自主的に関わってきたといいます。住民同士のコミュニティーが育まれることも、マンションが長持ちする要因です。

こうしたハードとソフトの両面がそろって、大倉山ハイムは半世紀近くたつ現在でも資産価値の高い〝ヴィンテージマンション〟に育ったのです。

●人生の豊かさにつながる本当に価値あるマンション選び

日本では長いこと、新築至上主義が続いてきました。しかし近年、この傾向に変化が見られます。首都圏では２０１６年度に中古マンションの成約件数が新築マンションの販売戸数を上回りました。これは築年数がたっても、住む価値のある中古マンションが数多く存在していることを示しています。これから住宅およびマンションの購入を考える人にとって、選択の幅は大きく広がっていると言っていいでしょう。

新築、中古を問わず、本当に住む価値のあるマンションを見分ける方法があります。それを一般の方々に知っていただくために、本書を上梓しました。

私たちは本当に住む価値のあるマンションは「心地よい空間であること」「持続可能であること」「住民・地域とのつながりがあること」の3つの条件を満たしているものと考えます。本書では、この3条件を、実際の物件で具体的に解説しつつ、そのフィロソフィーを明らかにしたいと思います。


人生百年時代といわれる今、マンションは、集合住宅は、どのような存在になっていくのでしょうか。また、どのような役割を担うのでしょうか。少子化と高齢化が本格的に進行する時代に、集合住宅に住むことの意味が問われ、新たな価値を見いだそうとしています。

私たちは50年以上にわたり、本当に住む価値のあるマンションを設計し、その理想を追求してきました。そして、実は世の中には誰にとっても「100%正解」のマンションは存在しないこともわかりました。住む人の暮らし方や豊かさの価値観によって、ベストな住まいはそれぞれだからです。

本当に住む価値のあるマンション選びは、本当に豊かな暮らし方を考えることにつながると思います。本書がその参考になれば幸いです。

2025年2月
日建ハウジングシステム設計部

目次

Part 2

Part 4 失敗しない！ いいマンションを見極める12のポイント＋チェックリスト…119

Part 5

Part
1

マンションの過去と今

選ぶ目を養うための基本知識

長く快適に暮らせるマンションを選ぶには、まず集合住宅の進化の過程を知ることです。防犯性や耐震性といったマンションの強みが、どのように形づくられてきたか。これらを理解することは、マンションの本質的な価値を知り、賢い選択をする助けとなります。

マンションの歴史を知ると目の付けどころがわかる

●マンションの原点は団地だった

日本に集合住宅が登場したのは、１９４０年代のことです。

戦後復興の中、大きな問題になっていたのが、圧倒的な住宅不足でした。効率良く、大量の住戸を供給するために、集合住宅の開発が急がれたのです。

単に、たくさん造ればいいわけではありませんでした。関東大震災（１９２３年）や戦災の教訓を生かして、地震や火災に強い構造が求められました。モデルになったのは日本の木造建築ではなく、欧米型の鉄筋コンクリート造り。

それを形にしたのが団地です。


少し歴史をひもとくと、戦後間もない１９４７~48年に、鉄筋コンクリート（以下、ＲＣ＝Reinforced Concrete）の公営住宅「東京都営高輪アパート」が建てられま

集合住宅の間取り図の原型

51C型

1951年に公営住宅に採用された間取り「51C型」。台所と食事室を一体化したダイニングキッチン、4.5畳と６畳の２ＤＫ。

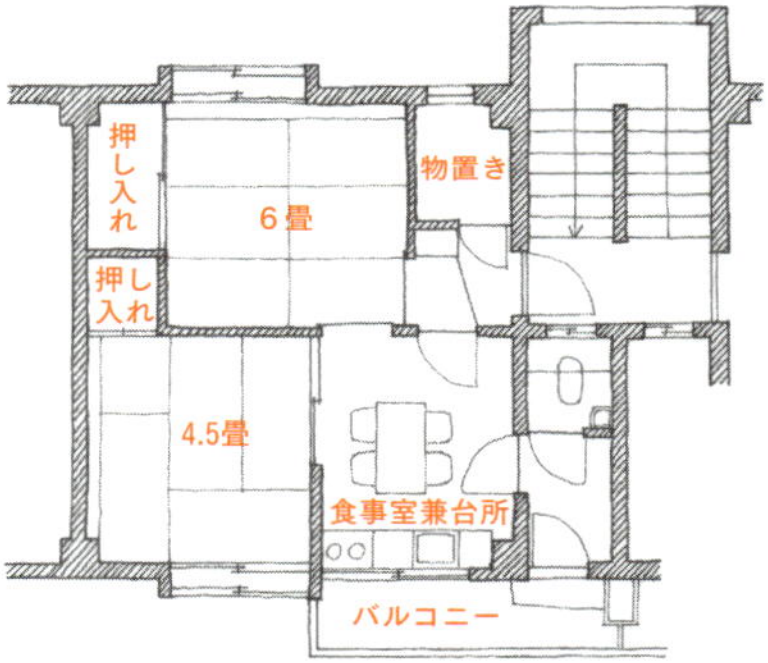

した。この住宅で供給された間取りは３種類あり、建設された年数を取って「47Ａ型」「47Ｂ型」「47Ｃ型」と呼ばれました。

そして、１９５１年に採用された間取りが「51Ｃ型」です。

当時、日本の一般的な家では、１つの部屋で食事をして、食べ終わったらちゃぶ台を片付けて、布団を敷いて家族みんなで寝るという生活スタイルが主流で、「食」と「寝」が明確に分離されていませんでした。**51Ｃ型はそれを分けた「食寝分離」を取り入れた点で画期的だった**のです。

そうして、台所と食事する場所を一

体化したダイニングキッチン＝ＤＫが生まれました。ダイニングキッチンのほかに４・５畳と６畳の部屋があり、洗面所とトイレが付いているＲＣ造りの団地は、当時最先端の、日本人の憧れの住宅でした。

広さは40㎡以下と狭いながらも機能的と高い評価を受けた51Ｃ型は、その後、集合住宅のプロトタイプになっていったのです。

この後、１９６０年代に入ると、現在の「マンション」と呼ばれる集合住宅が登場します。では、団地と何が違ったのでしょうか？

●マンションは何語？

「マンション」が何語かご存じですか？

日本ではマンションといえばＲＣの集合住宅をイメージしますが、アメリカやイギリスのｍａｎｓｉｏｎは一戸建て、しかも大邸宅を指します。つまり「マンション」は和製英語なのですが、なぜ集合住宅をマンションと名付けたのか。そこには、団地の先を行く品質や豊かな生活を追求する熱意が込められていたように感じます。

全国に団地が建ち始めた1940年代後半から50年代、一般的な日本人の暮らしはまだまだ貧しかったことでしょう。それから高度成長期が始まり、60年代に入ると一気に都市化が進みました。都市部の土地の価格がどんどん上がっていく時代です。黎《れい》明《めい》期のマンションは、都市部を中心に、高所得者をターゲットに造られ始めました。

この頃から「買うならマンションか戸建てか」論争はあったようです。

当時は、若いうちはアパートや団地など集合住宅に住み、お金をためて、ローンを組んで家を建てるというライフプランが一般的で、一戸建ては人生のゴールでした。土地も庭もある一戸建てのステータスのほうが、まだ圧倒的に上だったからです。

しかし、東京をはじめとする都市部においては、庭付き一戸建てを買うのは一般サラリーマンにとって、高嶺《たかね》の花になりつつありました。そこに登場したのが、高品質で高級感もあるRC造りのマンションだったのです。

●団地からマンションへ何が進化したのか

団地とマンションの違いは、住まいに対する根本的な考え方にあります。

団地が、できるだけコンパクトに、効率良く、多くの住戸を供給することを第一の目的にしていたのに対し、**マンションは住民の豊かな暮らしを優先した住宅でした**。高度経済成長期には、生活の質の向上が社会の課題となっていました。その中で、マンションには欧米の生活文化を取り入れた豊かさと機能性が求められたのです。

それを象徴するのが、**プライベートが尊重された間取り**です。団地の間取りは食べる部屋と寝る部屋は分かれていますが、部屋同士はふすまで仕切られていて、プライバシー空間を確保するという視点はありません。そもそも住宅不足の最中に、プライバシーを優先する余裕はなかったと思われます。

マンションには団地から受け継いだ良さもありました。

その一つが、2住戸に1つの階段を設置したいわゆる「2戸1《ニコイチ》」型です。団地は1

つの棟に3つも4つも階段のある非常にぜいたくな造りをしているのです。

これを採用すると、たとえば5階建て30戸のマンションで階段が3か所とすると、1つの階段を使うのは10戸の住民だけです。大勢の住民と顔を合わせるのと比べ、ニコイチはプライバシー、セキュリティーの点で優れているのです。

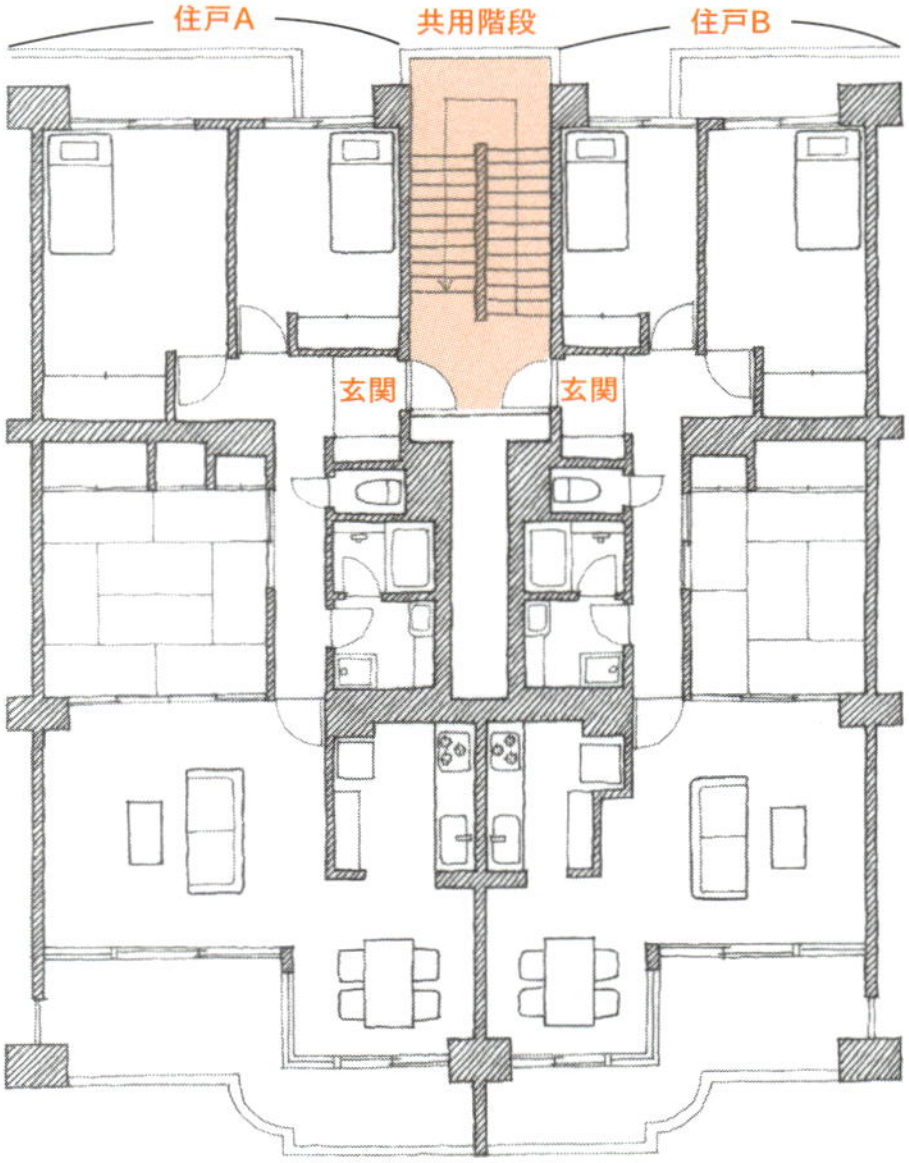

「2戸1（ニコイチ）」型

1979年に建てられた「大倉山ハイム」（横浜市）は2戸に1つの階段。

●マンションのアドバンテージは防犯性、耐震性、耐火性

かつて集合住宅は、戸建てを買うまでの通過点として住む場所でした。多くの人にとって、ゴールは一戸建てだったのです。

しかし現代、マンションは仮の住まいでも通過点でもなく、ずっと住む家、永住する我が家に進化しました。今やマンションで生まれ育った人も増え、マンションのほうが落ち着くという人も多いでしょう。

戸建てとマンションのどちらが住まいとして適しているかを考える際、それぞれの特長を理解することが大切です。

たとえば、プライバシー性については、戸建てのほうに利があると言っていいでしょう。マンションは集合住宅ですから、出入りする人が多いのは当然です（もっとも、マンションもその点は十分に意識しています。エントランスから自室までの通路が外から見えないようになっていたり、廊下の高さと住戸の高さを変えて外の人と目が合わないようにしたり、さまざまな工夫が凝らされています）。

一方、マンションのほうが優れているのは防犯性、耐震性、耐火性です。

堅牢な鉄筋コンクリート造りは、安全性において大きなアドバンテージがあります。団地が登場した際に大きくアピールされたメリットもこれでした。

耐震性については、1981年に「新耐震基準」が定められています。震度6強程度の地震にも倒壊しない設計が求められたものです。一方、1980年以前の建物は「旧耐震基準」で設計され、こちらは震度5強程度の地震では倒壊しないという基準です。倒壊はしないけれども損傷を受ける可能性はありますし、震度6強に対する耐震性はわかりませんので、注意が必要です。

その後、阪神・淡路大震災（1995年）の建物損傷を受け、2000年には規制を強化した新耐震基準に更新されています。そのため現行の耐震基準は「2000年基準」とも呼ばれます。

南海トラフ地震や首都圏直下地震への備えの重要性が高まる中、近年のマンションには、制振構造や免震構造が採用されるケースも増えています。この点はマンションの大きなアドバンテージです。

防犯性もマンションのほうが優位です。セキュリティーシステムを導入している戸建ても増えてきましたが、マンションはエントランスから住戸の玄関まで、二重、三重のセキュリティーチェックを敷くことができます。強固な防犯性は集合住宅ならではの特長です。

バブルでマンションの何が変わったのか？

●一般ユーザーに広がったマンション需要

1980年代後半になると、バブル景気が訪れます。円や株価が値上がりし、不動産価格が高騰して、マンションの造り方にも大きな影響を与えました。

1990年代以降、住宅界に起きた変化は、一言で言えば、マンションの庶民化です。それまでは、マンションと言えば「大倉山ハイム」に代表されるような高額所得者向けの住宅でしたが、**90年代半ばになると、中流層がローンで購入できるマンションが供給されるようになったのです**。80年代から90年代にかけて、日本人の暮らしがワンランク豊かになったことの表れといってもいいでしょう。

ただし、地価や工事費の高騰はさまざまな弊害を生みました。○○駅から○分といった立地が最大のウリになるようなマンションが、効率優先で次々と建てられました。

それまでのマンションの設計者はじめ供給サイドは、戸建てに負けない住まい造りに情熱を持って取り組んでいました。戸建てに比べて劣るプライバシー、通風性や採光性をいかに高めるかに工夫を凝らしてきたのです。

集合住宅の特性ともいえばそれまでですが、似たような外観、似たような間取りになる「画一性」にも抵抗し、住む人にオリジナリティーと愛着を感じてもらえる設計にチャレンジしてきました。もちろんバブル後も、そうした知恵を絞り尽くしたマンションは造られていますが、それは一部の高級マンションに限られていきました。

何より大きな変化は、マンションが投資の対象として見られるようになったことです。不動産投資の専門家だけでなく、一般の人もマンションを文字通り資産として検討するようになったのです。しかし、間もなくしてバブルは弾け、熱狂的な不動産投資の勢いは失われます。その結果、資産価値の増大を見込んで着工されたマンションが供給過剰となり、値崩れを起こしました。

バブル真最中の1990年前後に着工し、93年～94年に竣工した物件が多くあります。この時期、値崩れを起こしていたマンションも少なくありません。見方によっては、この時期にマンションを買った人はお得感があったと言えるでしょう。

●現在も主流〝羊羹《ようかん》型〟マンションの登場

さて、1990年代の後半になると、建設業界全体がすっかり冷え込んでしまいました。マンション業界もコスト重視、効率性重視です。建築費を抑え、多くの住戸を効率良く配置できる物件が求められました。

この時期に流行した形が「**羊羹型**」です。各階の住戸が同じように一列に並び、凹凸がなくツルンとした長方形が羊羹に似ているということでしょう。

この延長線上にマンションの大型化、超高層化が加速します。特に東京都心部は人

「羊羹型」の一例

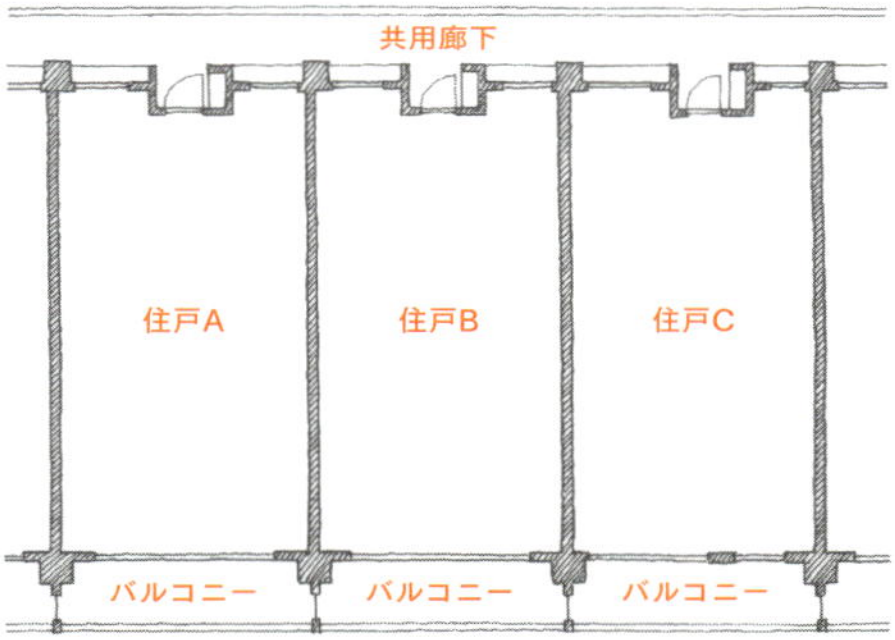

口が流入し続け、人が密集していく一方だったため、建物はどんどん高層化していきました。

背景には、街を再開発しやすいように法整備が進んだこともあります。たとえば、容積率が緩和され、同じ面積の敷地に以前よりも大きな建物を建てられるようになりました。一定以上の空き地を確保することで、容積率をはじめさまざまな制限が緩和される制度です。

これらが後押しとなりマンションの高層化も進みました。**大型化、高層化するマンションは次第に建物単独ではなく、地域一帯の活性化を目指し、街づくりを担う存在へと変化していったのです。**

「新築のほうが安心」は本当か？

●日本人が〝新築至上主義〟になったわけ

日本の住宅事情を見ると、長いこと〝新築至上主義〟が続いてきました。新しいほうがいいに決まっている！と思われるかもしれません。

本当にそうでしょうか？

ここで日本の住宅の販売傾向を見てみましょう。少し古いのですが、国土交通省の2013年のデータ（※1）によると、既存住宅（中古住宅）の流通量は年間17万戸前後で推移しています。全住宅流通量（既存住宅の流通＋新築着工）に占める割合は、わずか15％に過ぎません。

欧米諸国と比べると、その差は明らかです。中古住宅の流通率は、アメリカで83％（2014年）、イギリスで88％（2012年）、フランス68％（2013年）です。

歴史的に日本の住宅は木造建築が主流で、欧米では石やれんが造りが多いことを考慮しても、日本の中古住宅率は際立って低いと言えるでしょう。なぜでしょうか？最大の理由は、中古住宅の品質や性能がわかりにくいことです。家の買い手は、普通は建築については素人です。もともとの品質や、隠れた不具合は、いくら実物を見てもわからず、調べるすべも知りません。品質については不動産業者など売り手のほうが圧倒的に多くの情報を持っているわけで、買い手のほうが不利な状況でした。

この問題の解消に向けて一歩前進したのは、「住宅の品質確保の促進等に関する法律」（品確法）が制定されたことと、2013年の「既存住宅インスペクション・ガイドライン」の策定です。

※1：国土交通省「既存住宅流通を取り巻く状況と活性化に向けた取り組み」

●「品確法」は買い手の味方

2000年に施行した「住宅の品質確保の促進等に関する法律」（品確法）では、新築住宅の請負・売買において、基本構造部分（構造耐力上、主要な部分および雨水の浸入を防止する部分）の瑕疵《かし》担保責任が10年間義務付けられました。つまり、住宅としての最小限の性能保証が義務付けられたことになります。

逆に言うと、それまで品質に関する客観的基準はなく、保証義務もありませんでした。品質性能の基準は建設メーカーが個々に定めていたため、厳しい基準を敷いているメーカーもあればそうでないメーカーもあり、マチマチでした。

２００５年に「構造計算書偽造事件」、いわゆる「**姉歯事件**」が起きました。千葉県のある建築設計事務所が、ビルの耐震性に関わる構造計算書を偽造していた事件です。文字通り、建設業界を根本から揺るがした大事件は「耐震強度偽装問題」とも呼ばれています。

これが建築基準法や建設司法などの制度の厳格化のきっかけになりました。改正後に建てられたマンションは、より安全性が高いと言えます。

●スクラップ＆ビルドのもう一つの理由

日本の住宅は欧米のそれに比べて際立って短命です。集合住宅は平均40年ほどで建て替えられています。地震大国とはいえ、その短さが際立ちます。

背景にあるのは、スクラップ＆ビルドしたほうがもうかる仕組みです。先に述べたように、容積率の緩和などで、建て替えれば住戸数が増えて利益が出やすい仕組みができました。伝統的な新築至上主義と相まって、スクラップ＆ビルドが確立していったのです。

もう一つ付け加えると、中古住宅の取得については、**2022年まで、築年数や床面積等々の要件をクリアした物件しか住宅ローン控除が受けられなかった**ことが新築至上主義に拍車をかけたと言えます。中古を買ってリフォームして住むという選択肢は選びにくい時代が長いことあったわけです（今は中古住宅でも、住宅ローンが組めるようになっています）。

新築至上主義は中古住宅の持ち主にとっても冷たいものになります。市場価値が低いので、まだ十分きれいな住宅でも、なかなか買い手がつきません。

今、大きな社会問題になっている空き家問題も、こうした事情と無関係ではないでしょう。親から相続した住宅がなかなか売れない。担保評価が低いので銀行からお金を借りて建て替えることができない。結果、放置されることになります。

この弊害はマンションにも顕著に表れます。資産価値のガタ落ちです。地域やグレードによりますが、新築時が最も高いのはいいとして、10年も住むと資産価値は新築時の30～40％に落ちてしまうマンションは少なくありません。

●住宅情報に載せやすい間取りが増えた？

住宅情報誌（オンラインを含む）には新たに分譲されるマンションの新着情報と広告が掲載されています。たくさんの物件が一気に見られる、いち早く見られるなど、そのメリットは多々ありますが、一つ心に留めておいてほしいことがあります。

新築マンションは現物ができる前に販売されるということです。

ほとんどの新築は建物が出来上がっていない段階から広告が掲載されます。広告には「物件エントリー受け付け開始」とか「受け付け中」などと書いてあります。次に情報ページ。ここには建物や敷地、室内の予想図、間取り、周辺地図などが掲載されていますが、あくまで予想図に過ぎません。

しかし買い手は、この予想図で判断しなくてはなりません。実際、都市部ではほとんどのマンションが完成する前に販売され、契約されるようになっています。買い手にとって決して優しいとは言えないでしょう。

こうした販売方法はマンションの設計、間取りにも影響を及ぼしています。どういうことかと言うと、〝似たようなマンション〟が増えたのです。

ためしに住宅情報誌をパラパラとめくってみてください。同じような間取り図が目立ちませんか？　バブル期を境に、いわゆる羊羹《ようかん》型の間取りが増えたのも、こうした販売方法の影響がゼロではありません。似たような形だと広告に載せやすいのです。

以前、私たち設計者は間取り図を見れば、どこの住宅メーカーのマンションか、ほぼ見当が付きました。それが今では見分けるのが難しい。それくらい似ています。

こうした状況は設計者からすると、正直なところ、あまりうれしいことではありません。**画一的な間取りは、多様なライフスタイルや暮らしのこだわりに十分応えられない**からです。もちろん今でも画一的ではない間取りのマンションは造られています。少なくなっているだけに、見つけたら、掘り出し物と言ってもいいかもしれません。

●モデルルームのオプションに惑わされない

新築マンションにはモデルルームがあります。実物ができていない以上、モデルルームが重要な判断決定材料になるでしょう。**ところが、このモデルルームが結構クセモノなのです**。

通常、その物件の代表的な間取りが1つか2つ造られるだけですから、自分の買う住戸の間取りが見られるとは限りません。1LDKタイプの購入を検討しているのに、見られるのは2LDKだけだったりします。

そうなると、住戸全体の広さはもちろん、生活動線をイメージするのが難しいでしょう。玄関から寝室までの動線が長いか短いか、キッチンと洗面所の動線がスムーズかどうか、実際に確認することはできません。暮らし始めてから洗面所とバルコニーの動線が長い、などと気付くこともあるでしょう。

天井の高さが、購入を考えている住戸とは違うケースもあります。面積（㎡）は正確でも、体積（㎥）が違うということがあるわけです。住戸によっても、階によっても、天井高が異なるのはよくあることです。2m45㎝～2m55㎝が一般的ですが、10㎝違うと部屋全体の雰囲気はずいぶん変わります。

そして〝オプション〟に気を付けてください。モデルルームには、高級感のある家具や家電製品、じゅうたん、カーテンが設置されているほか、無垢《むく》材のダイニングテーブル、本革ソファ、オーク材のキャビネット、壁にはアートが飾られるなど、とてもリッチな雰囲気です。しかし、これらはオプションである場合が多いため、購入時には注意が必要です。少し意地悪な見方になりますが、住戸自体の個性が乏しいため、オプションで差をつけざるを得ないマンションが少なくありません。

モデルルームを見て、納得した上で買うにしても、新築マンションは建ってみなければわからない、住んでみるまでわからない未知数な部分がどうしても残ります。新築マンションの購入には、そうしたリスクがつきものであることは覚えておいてください。

モデルルーム活用法

モデルルームで「見るべきところ」「聞くべきこと」

モデルルームで得られる情報もたくさんあります。新築マンションを買う場合は、モデルルームしか見られないわけですから、そこはしっかり割り切って、情報を引き出せるだけ引き出しましょう。

モデルルームでは、オプションに目を奪われることなく、その住戸固有の部分に目を凝らしてください。マンションに必要な「心地よさ」「リフォームのしやすさや耐久性」「周辺環境」についても確認できることがあります。

室内

開口部の大きさ：バルコニーに面した開口部は広いか。設計図に寸法は書かれていますが、実際に見て確認。窓の材質や高さも確かめておきましょう。窓は共用部なので基本的に交換できません（交換する場合、マンション管理組合の許可が必要になる）。

天井の高さと形：柱や梁《はり》で天井の高さに段差がないか。形がガタガタしていると家具が置きにくいし、見た目にスッキリしません。

室内に柱や壁が飛び出していないか：右と同じく、家具が置きにくく、見た目にスッキリしません。

床は二重床か直床《じかゆか》か：二重床のほうが後にリフォームするときの自由度が高い。見てもわからないので、スタッフに尋ねましょう。

室外

モデルルームには建物の模型が用意されています。周辺環境が模型化されていることもあります。ここにたくさんの情報が詰まっています。販売会社のスタッフに次のことを確認してみましょう。

マンション周辺の環境：敷地から道路までの距離や道路の広さ。
窓から見えるもの：目の前に何が立っているか。また、近いうちに建設予定のものがないか。
日照：時間ごとの日影をシミュレーションした「壁面日影図」という資料があります。一般的な住宅情報誌には載っていませんが、住宅販売会社は必ず持っているので見せてもらえます。同じ階、同じ間取りでも住戸の位置によって日照時間が違うことがあります。それを見れば、たとえば、朝10時に4階の○○○号室は日が当たらないが□□□号室なら当たる、ということがわかります。
駐車場、駐輪場、ごみ置き場の位置：これらもすでに決まっています。買った住戸の目の前がごみ置き場だった、といったことを避けられます。

建物の周辺予想図は正確に描かれています。周辺の建物はもちろんのこと、電柱や街路樹の様子も正確です。

販売会社側には、周辺に騒音の出る建物や施設があるなど、買い手にとってマイナスな情報は事前に知らせる義務があります。ただ、それは最小限のものに限られるので、気になることは納得のいくまで質問すべきです。モデルルームにはそれに答えられるスタッフがいるはずです。数千万円の買い物です。モデルルームを十分に活用しましょう。

中古マーケットが見直されてきた理由

●中古マンション成約件数が新築を逆転！

中古住宅でもローンが組めるようになり、中古住宅マーケットが大きく変わってきました。２０１４年からは中古住宅の品質評価に客観的な指標評価を取り入れ、買い手に情報提供されるようになっています。国としても、中古住宅の流通量を増やしたい考えが強くなっているといえます。

首都圏では２０１６年度に初めて、中古マンションの成約件数が新築マンションの発売戸数を上回りました。その後も中古マーケット上位が続き、２０２１年度では新築分譲マンションの販売戸数3万２８７２に対し、中古マンション成約件数は3万７８２８です（※２）。

首都圏の新築マンション価格が高止まりしていることに加え、中古マンションの供給量が増えたことが大きな理由でしょう。

中古の魅力は価格だけではありません。新築と違って、購入前に実物を見ることができるという大きなアドバンテージがあります。実際に駅から歩いて、街の雰囲気や周辺の建物を見て確かめることができます。

※2：新築分譲マンション販売戸数は株式会社不動産経済研究所、中古マンション成約件数は公益財団法人東日本不動産流通機構。

●注目されるヴィンテージマンション

ここで注目されているのが、「はじめに」でご紹介した「大倉山ハイム」のような高経年マンションです。大倉山ハイムは1979年に竣工していますが、1981年の新耐震基準を満たしています。日本の初期マンションは高品質であることをアイデンティティーとしていたので、住宅メーカー自らが厳しい基準を課して造られたものが多いのです。

そのため築40年が過ぎても、4000万～5000万台という高価格で流通しています。まさにヴィンテージマンションです。

2021年末現在で、築40年以上の高経年マンションは日本に115万6000戸あります。この中に、マンション初期時代に建てられた高品質と高級感を兼ね備えたヴィンテージマンションが含まれています。都市部の新築マンション価格が高騰している今、ヴィンテージマンションは魅力的な選択肢になっています。

●これから買うマンションの新機軸

かつて集合住宅は戸建てを買うまでの通過点として住む人が大半でした。しかし今、**マンションは仮の住まいでも通過点でもなく、ずっと住む家、永住する我が家に変わりつつあります**。マンションで生まれ育つ人も増え、マンション暮らしのほうが落ち着くという人も多いでしょう。

中古マンションの場合、リフォームして住もうと考える人が多いでしょう。見るべきポイントはリフォームのしやすさです。もともと中古なのですから、品質がどれだけ保たれているかも重要なポイントです。造られた年代にもよりますが、「既存住宅の住宅性能表示制度ガイド」（一般社団法人 住宅性能評価・表示協会）に照らして基準を満たしている中古マンションを選ぶ必要があります。リフォームがしやすく、品質が保たれていれば、長く住むことができます。

高まる永住意識

（出典：国土交通省）

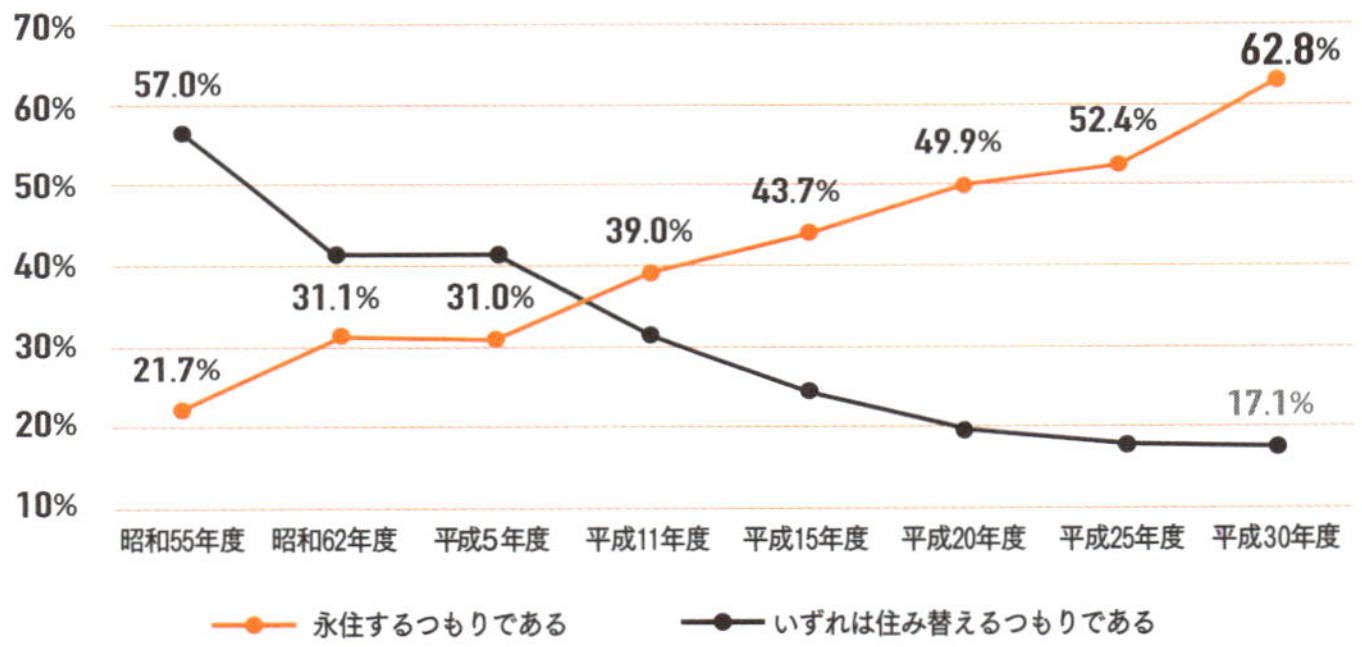

集合住宅に永住するつもりの人は年々増加。昭和55年（1980年）にはおよそ２割だったが、平成30年（2018年）には６割強まで上昇。マンションにずっと住むことがスタンダードになってきた。

住戸の性能だけでなく、住民の様子や地域のコミュニティーも重要なポイントです。この点を事前に確認できるのが中古マンションのいいところでもあります。

このように**マンションには、駅から徒歩○分や、広さ○○㎡などの数字には表れない価値があります**。長く快適に住めて資産価値が落ちないマンションを選ぶには、そうした価値に着眼し、目を凝らして見る必要があります。

Part 2

本当に価値ある マンションの ３条件

「長く住み続けられ、資産価値も保たれるマンション」とはどのようなものでしょうか？　私たちは、「心地よさ」「長持ち」「つながり」という３つの条件が必要だと考えています。建物の品質だけでなく、暮らしやすさや豊かさを支えるこれらがそろってこそ、本当に価値のある住まいが生まれるのです。

［条件］
1

心地よさ

開放感のある暮らしやすい間取り

日々、心地よさを感じられること。これは当たり前のことのように思えるかもしれませんが、実は住まい選びに欠かせない重要な条件です。しかし、「心地よさ」とは、実際に暮らしてみないとわからない部分が多いもの。だからこそ、暮らす前にそれをチェックするのは難しいのです。では、ただ「いるだけで心地よい」と感じる住まいとはどのようなものでしょうか。

何に心地よさを感じるかは人によって異なり、一概に決められるものではありません。そのため、設計者は常に心地よさを追求し、試行錯誤を重ねています。ここでは、私たちが「心地よさ」を設計の中でどのように形にしているのかをお伝えします。この視点が、心地よい住まいを見極める手がかりになるはずです。

●風が抜ける間取り

マンション、戸建てにかかわらず、風が抜ける家は気持ちのいいものです。日本はモンスーン気候に属し、湿度が高い国です。加えて、近年の夏の猛暑は今後も続くと予想されています。気密性の高い住宅では、湿気がこもることでカビの発生が問題になります。そのため、**通気性の高い家造りは心地よさの大前提と言えるのです**。

マンションと戸建てを比べると、通風性と採光性においてマンションが劣る場合があります。マンションは基本的に壁に囲まれ、窓が少ないためです。

外廊下のマンションは、バルコニー側に加えて反対側の外廊下側にも窓があるので、風が住戸内に自然に流れやすくなります。ただし、風通しは窓の配置だけでなく、方位や隣接する建物の影響も受けるため、周囲の環境に配慮する必要があります。

また、外廊下側の窓は、通行人から室内が見えないように配慮されているかも確認しましょう。たとえば、視界を遮るための工夫として「ルーバー面格子」などがよく使われています（46ページ参照）。

内廊下の場合は、外気に触れる外壁面を多くする工夫が施されている物件もありま

外廊下側の窓には、写真のようなルーバー面格子の設置が望ましい。

す。このような設計を選ぶことで、内廊下でも風通しのいい環境を実現できます。

風通しとプライバシーが両立する理想的な間取りは、両面にバルコニーや吹き抜けがあるものです。バルコニーなら開放感も抜群で、まさに理想的な間取りと言えるでしょう。

最近のマンションではあまり見られない間取りですが、中古マンションを探す際には注目する価値があります。

通気性の高い間取りの例

レクセルガーデン志津（左）
サンウッド市川真間グリーンヒルズ（右）

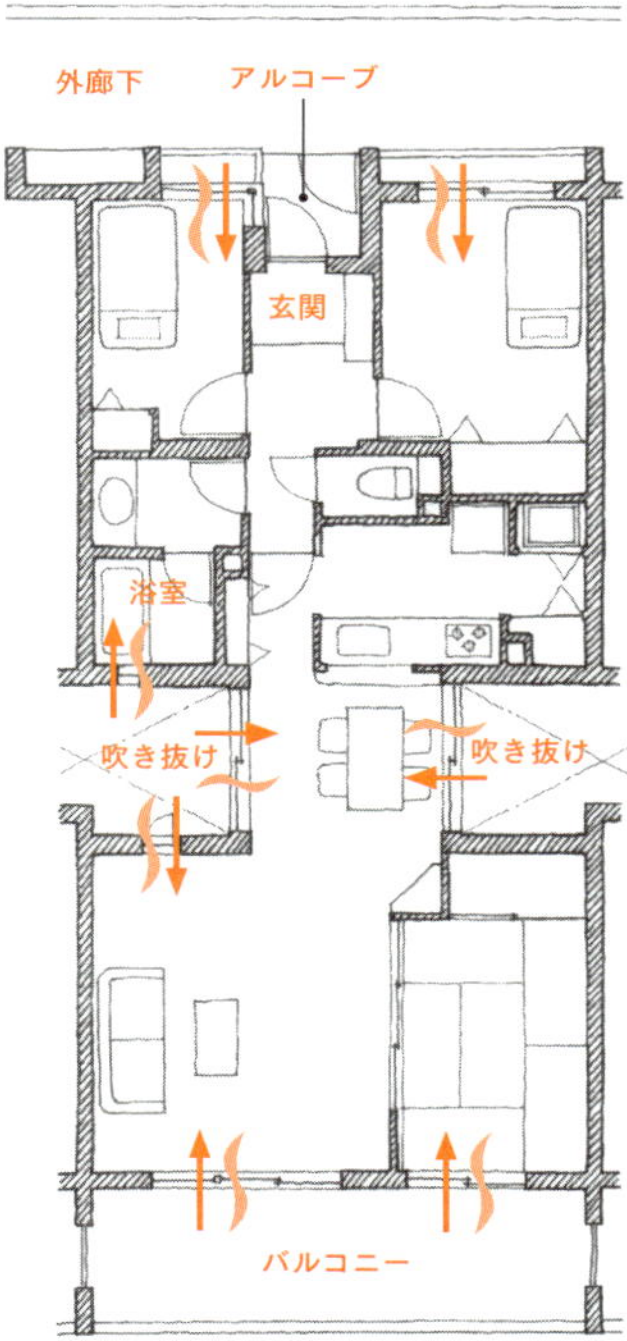

吹き抜けに挟まれた風通しのいいダイニング。浴室の通気性も高い。

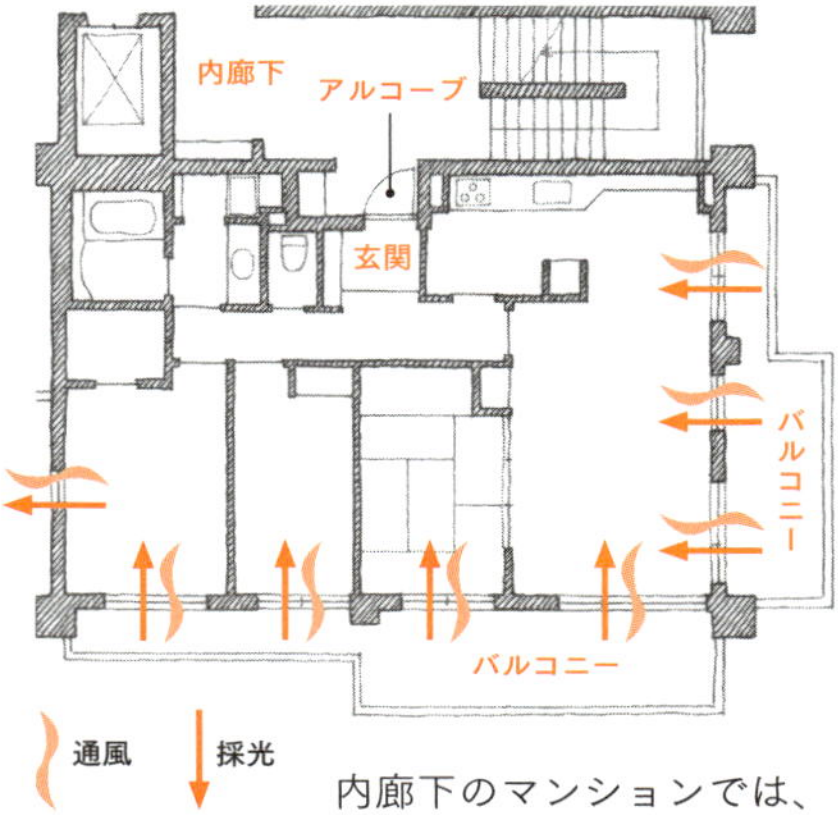

内廊下のマンションでは、外気に触れる外壁面が多い物件だと風通しがいい。

●「PP分離」と「タテ型」「ヨコ型」

心地よい住まいには、住む人がスムーズに動けることが重要です。その鍵となるのが、パブリック空間とプライベート空間の分離、いわゆる「PP分離」です。

47ページに示した間取りは、いずれも玄関を入ってすぐに寝室に入れるようになっています。このようなリビング・ダイニング（LD）を通らずに寝室に入れる間取りなら、ゲストはもちろん、家族間でも適度な距離を保ちながら個々のプライバシーを守ることができます。

また、これらの間取りは、いずれも廊下が短いことに注目してください。住戸の限られた面積の中、廊下が短ければその分、居室の広さを確保でき、それだけ効率のいい間取りとなります。

近年のマンションは、玄関からバルコニーへの距離が開口部よりも長い「タテ型」が多く見られます。タテ型は廊下が長くなりがちで、面積の有効活用という点ではやや難があります。ただし、47ページの間取りでは、玄関の位置を少し住戸内に入り込

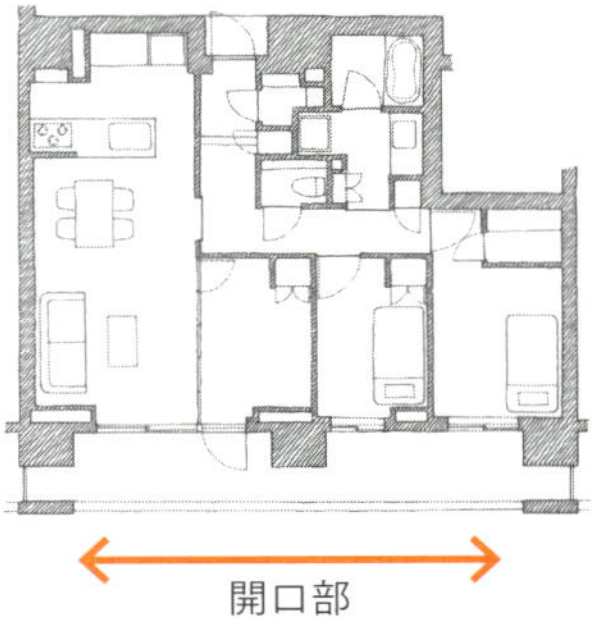

ヨコ型
廊下が短くなりやすい。間口が広く採光性に優れる。

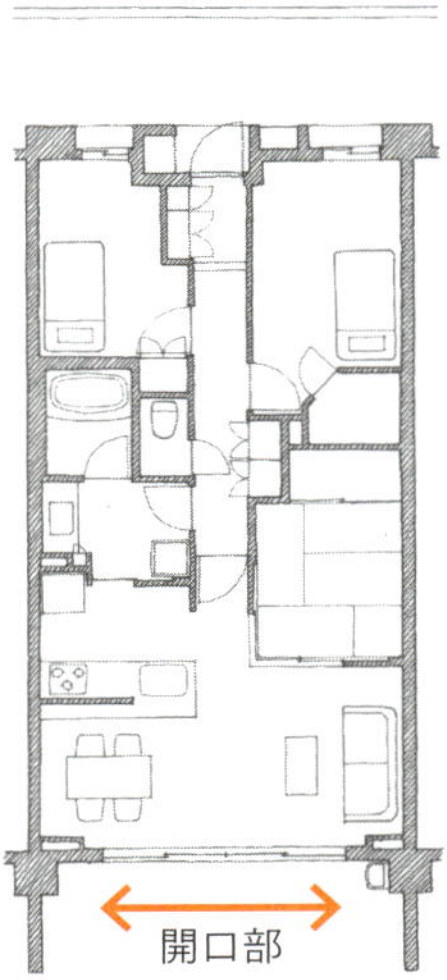

タテ型
廊下が長くなりがち。

ませる「中入り」という設計を採用し、その分、廊下を短くする工夫をしています。

一方、開口部のほうが長い間取りが「ヨコ型」です。ヨコ型は廊下が短くなりやすく、開口部が大きい分、通風性と採光性にも優れています。

「PP分離」された間取りか、「タテ型」か「ヨコ型」か、どれが正解ということはありません。それは住む人のライフスタイルや家族構成によって異なるからです。

玄関からすぐ寝室に行ける間取りを好む人もいれば、LDを経由してから寝室に向かう間取りを好む人もいるでしょう。家事の動線を重視するなら、キッチンと洗面所がつながっている「2ウェイ型」や、キッチンから外通路に直接出られる勝手口があれば何かと便利です。

住む人それぞれの動きやすさを考えた間取りこそ、心地よい住まいの条件と言えるでしょう。

●プライバシーが確保される階段と通路

戸建てと比べて、マンションは不利とされるのがプライバシーの確保です。集合住宅である以上、他の住民と共用部で顔を合わせるのは避けられません。住む人の価値観や住民の付き合い方によってプライバシー確保の優先度は異なりますが、知らない人と顔を合わせる機会は少ないほうが心地よく暮らせるでしょう。

マンションの規模によりますが、エレベーターは通常、建物の全居住者が共用します。たとえば30戸のマンションなら、30世帯の住民が共有します。

一方、グレードの高いマンションでは、1フロア当たり3、4戸に1基のエレベーターが設けられ、さらに高級なマンションでは、2戸に1基という設計もあります。

このように、エレベーターで顔を合わせる人が限られることで、自然と互いに顔見知りになり、安心感が生まれやすくなります。特に、小さな子どもや高齢者のいる家庭にとっては、こうした〝ご近所さん〟の存在が、人の目によるセキュリティーとしても心強いものになるでしょう。こうした設計は、単に利便性を高めるだけでなく、専用感や高級感も格段にアップします。

１９６０～70年代に建てられたマンションの中には、エレベーターを設置していないものも少なくありませんでした。そのような建物では、階段を１フロア当たり２戸に１つ設けた、いわゆる「ニコイチ」形式が採用されていました。共用部を使用する人が抑えられる仕組みで、これもプライバシーを確保する設計の一つです。

また、この時代には、「スキップ廊下」という設計も流行しました。

このスキップ廊下は、プライバシー確保と同時に、自宅専用の空間を強く感じる設計だと思います。「ニコイチ」、「スキップ廊下」は共に現在ではほとんど見られなくなりました。中古マンションを探す際には、こうした間取りの物件を候補に入れると、プライバシーや住み心地の良さを実感できるかもしれません。

2戸1（ニコイチ）

「隣り合う2住戸」で「1つの階段」を共有する形式。階段の利用者が少なく、プライバシーが確保される。

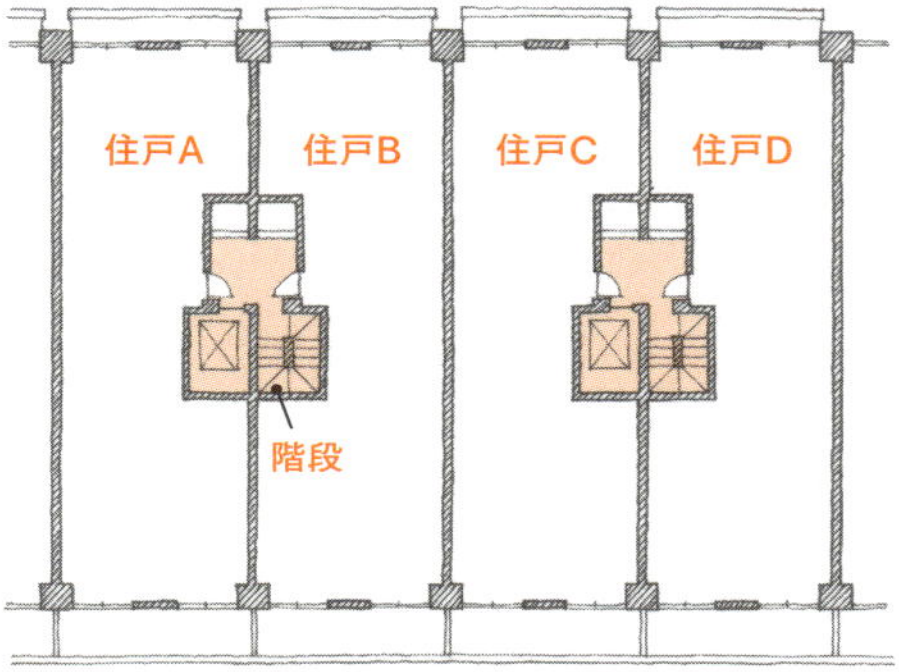

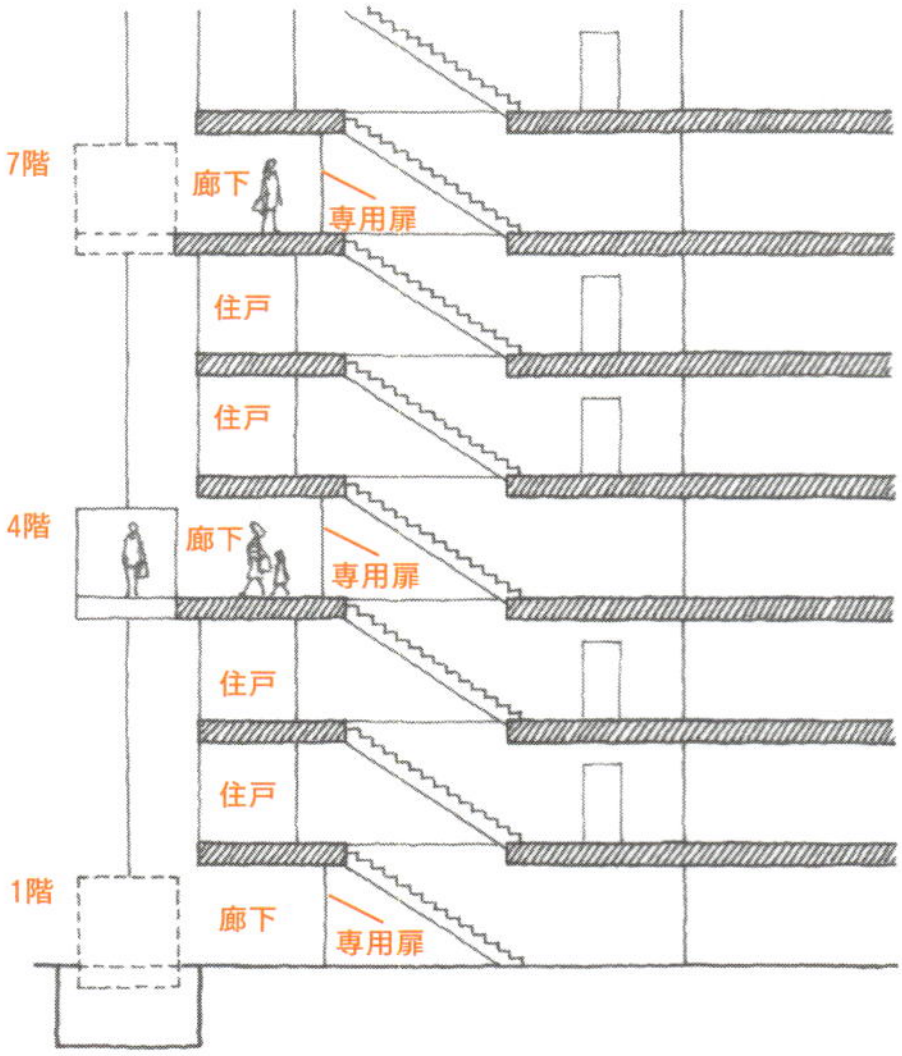

スキップ廊下

図のマンションではエレベーターが1階・4階・7階にのみ停止。他の階の住民は専用扉と専用階段で自宅へアクセスする。たとえば、3階の住人はエレベーターを4階で降りて1階下りる。

●デコボコしていない整形の部屋

部屋は整形に近いほど、心地よく、使い勝手がよいものです。〝整形〟とは柱や壁の出っ張りがなく、シンプルな四角い形状を指します。

しかし、完全に整形の部屋は意外と少なく、隅に柱が出ていたり、壁が一部出っ張っていたりすることが多いのが現状です。

間取り図を見れば、室内に柱の出っ張りがあるかどうかを確認できます。ちなみに、○㎡と表記される住戸面積には柱の出っ張り分も含まれている場合があるので、注意が必要です。

また、天井の設計も心地よさを左右します。梁《はり》の出っ張りや天井の段差が少ない部屋は、視界がスッキリして家具も配置しやすくなります（91ページ左下の写真）。

さらに、床から天井近くまで広がる掃き出し窓は開放感を生み出しますが、高層階では窓の向こうにストンと落ちるようで落ち着かないと感じる人もいます。そこで、91ページの写真の部屋では、腰高窓を採用し、安心感を与えるとともに、外からの視線を遮り、プライバシーを確保する工夫が施されています。

●窓の外の環境変化を見分ける

窓の向こうに何が見えるかはとても重要です。いくら窓が美しくても、その先の景色が美しくなければ心地よくはないでしょう。

マンション購入時には、窓の向こうの環境が将来変わる可能性があるかどうかを、しっかり確かめる必要があります。たとえば、窓の向こうが自分のマンションの中庭であれば、新たにビルが建つ心配はありません。購入時とほぼ同じ景観が維持されるため、安心して暮らすことができます。

目の前にどのような建物が建つかは、ある程度予想できることもあります。都市計画法の「用途地域」は、地域の景観や住環境を守るために設定されたもので、建てられる建物の高さや用途に制限を設けています。たとえば、第一種低層住居専用地域の用途地域では、高さ10mまたは12mを超える建物を建てることはできません。

さらに、建築基準法には「日影規制」や「斜線制限」といった規制もあります。これらの規制は、周囲の住環境の日照や通風を守るためのもので、敷地に建てられる建物がどのような形状や配置になるかを左右します。そのため、将来周囲に建つ建物の影響を見極める手がかりとなるのです。ただし、これらの規制や条件は専門的な知識が必要になるので、設計者などの専門家に確認したほうが安心です。また、再開発事業の予定がある地区では、自治体に事業計画を確認することも有効です。

●宅配時代のセキュリティーシステム

マンションの魅力の一つは、防犯性の高さです。安心感を得られるセキュリティーは心地よい暮らしに欠かせない要素です。

次ページの図のマンションでは、エントランスホールのセキュリティーを通過した後、ラウンジを抜けて、居住者用のエレベーターホールに入る手前で、もう一度セキュリティーがあります。この二重のセキュリティーにより、外部の人が居住エリアに入りにくい仕組みになっています。

また、**外部の人が居住者と顔を合わせることがないよう、動線にも配慮**されています。たとえば、郵便・宅配業者のための出入り口は、エントランスホールとは別に設置されており、居住者と動線が分けられています。

さらに、駐車場から住戸への動線も独立しており、駐車場から居住者用エレベータ

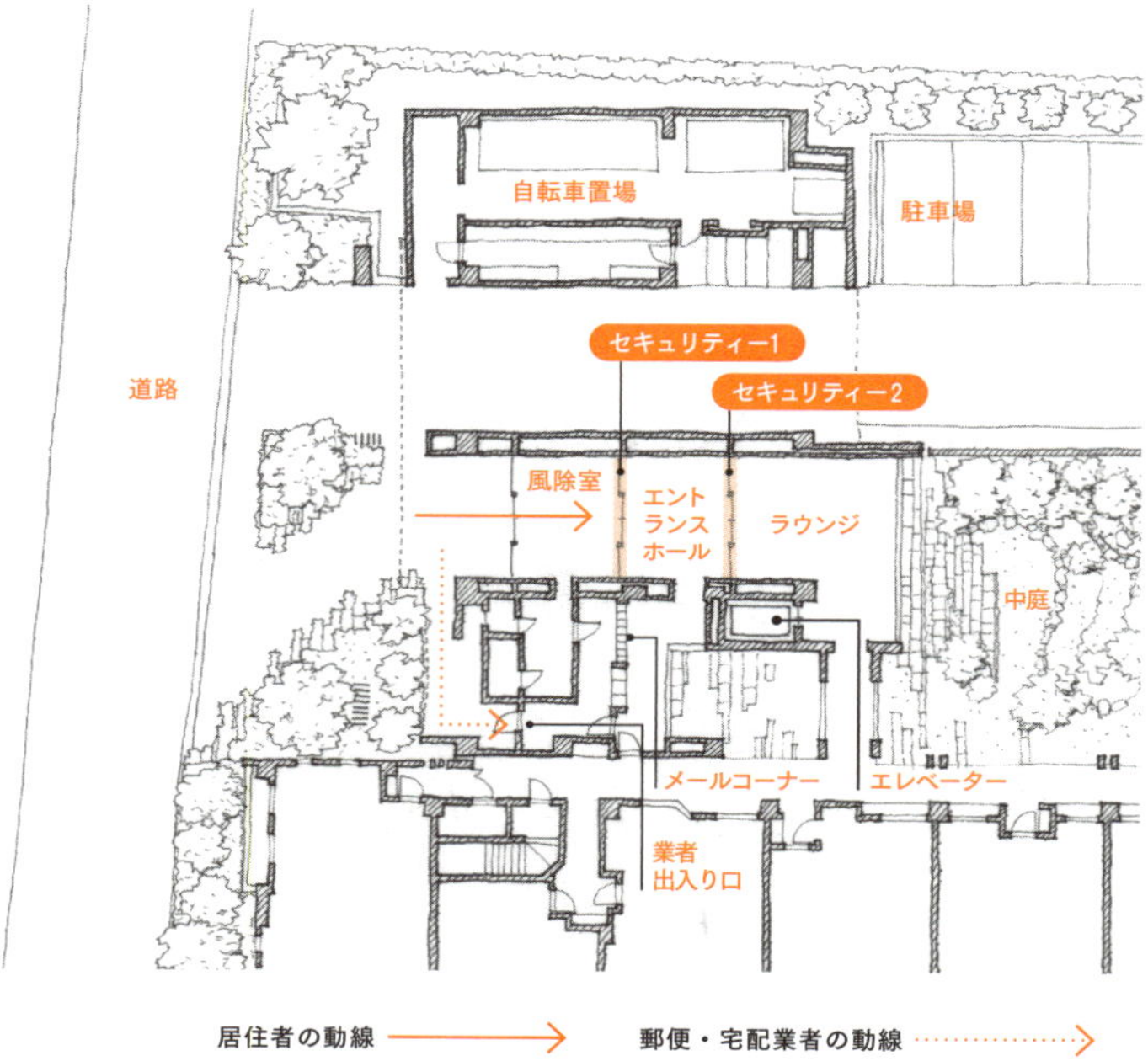

ーホールに直結しています。そのためエントランスホールを通ることなく、効率的に住戸と駐車場を行き来できます。

●豊かさを実感できるエントランスや中庭

集合住宅ですから、共用部の心地よさも重要です。**戸建てでは実現できない優雅な共用部はマンションならではの魅力です**。

エントランスはマンションの「顔」となる部分であり、ロビーやラウンジは住民同士のコミュニケーションの場としても重要です。これらの空間はマンションのグレードが如実に表れる部分でもあります。
また、ロビーやラウンジに加え、中庭や植栽などのランドスケープにも注目してみてください（82〜96ページ参照）。毎日、優雅な空間を目にしながら行き来することで、豊かな暮らしが実感できるのではないでしょうか。

共用部のグレードやデザインには、設計者やオーナーの価値観が反映されます。たとえば、ラウンジやオブジェを置くスペースは建築基準法上、必須ではありません。それらを削減して住戸を増やせば、売り手は利益を増やすことができますし、メンテナンスの費用も抑えられます。それでもなお、美しく充実した共用部を設けるのは、心地よさの実現にかかるコストを惜しまない、設計者やオーナーの価値観の表れなのです。

［条件］
2

長持ち

長寿命とリフォームのしやすさ

マンションに長く住み続けたいと考える人が増えています。永住を視野に入れるなら、建物が頑丈であることは確かに重要です。しかし、それだけでは十分とは言えません。いくら頑丈に設計されていても、建材は必ず経年劣化します。そのため、まずは長持ちさせるための設計が求められ、その上で、定期的な修繕を行うことが必要です。さらに、建物だけでなく、周辺環境が長く維持されることも重要です。

加えて、年月とともに変化する家族構成やライフスタイルに合わせて、リフォームができることも欠かせない条件です。

●給排水管やガス管のメンテナンスが容易なスケルトン・インフィル工法

マンションの中で最も劣化しやすいのは、水廻《まわ》りの設備（キッチン、浴室、洗面所、トイレ）と、それに伴う給排水管やガス管です。

住戸内の水廻りのメンテナンスは個別に行えますが、給排水管やガス管の交換には大規模な工事が必要です。特に、壁や天井、床下に設置された配管の交換工事中は、生活空間にも影響が出る場合があります。

近年、給排水管はポリエチレンや塩化ビニールの合成樹脂製が主流で、長寿命が期待できます。しかし、１９００年代後半に使用された鉄管や鉛管、銅管の寿命は約30年とされています。

この問題を解決するために編み出された工法が「スケルトン・インフィル」です。スケルトン（Ｓｋｅｌｅｔｏｎ）は骨組みという意味ですが、建築では柱や壁、天井、床などの構造物のことを指します。インフィル（Ｉｎｆｉｌｌ）は内装という意味ですが、給排水管やガス管、電線や光ファイバーなどのパイプ設備のことです。

左の写真は、1979年に建てられた「大倉山ハイム」の配管スペースです。大倉山ハイムは2戸に1つの階段が設置された、いわゆる「ニコイチ」形式の建物です。各階の住戸の間に共用スペースを設け、住戸の配管をまとめて設置しています。

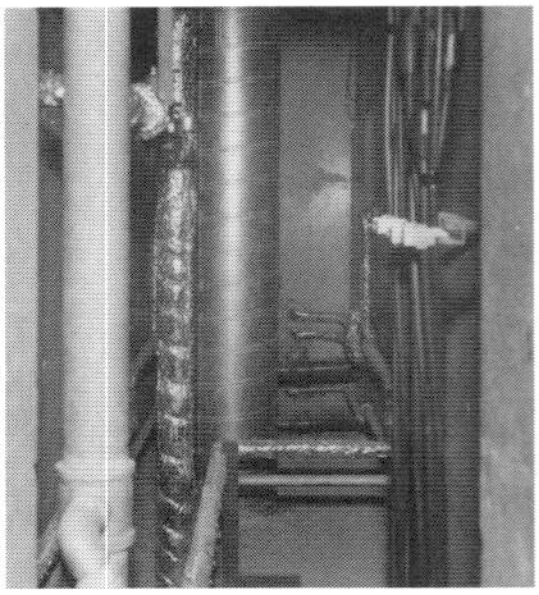

1979年に撮影した「大倉山ハイム」のパイプスペース。

2015年、時間が経過した後の「大倉山ハイム」のパイプスペース。

従来型のパイプスペース

（イメージ図）

断面イメージで、洗面室の床下が下がっているのは、配管スペースに勾配をつけるために必要な高さを確保するため。

住戸の断面イメージ

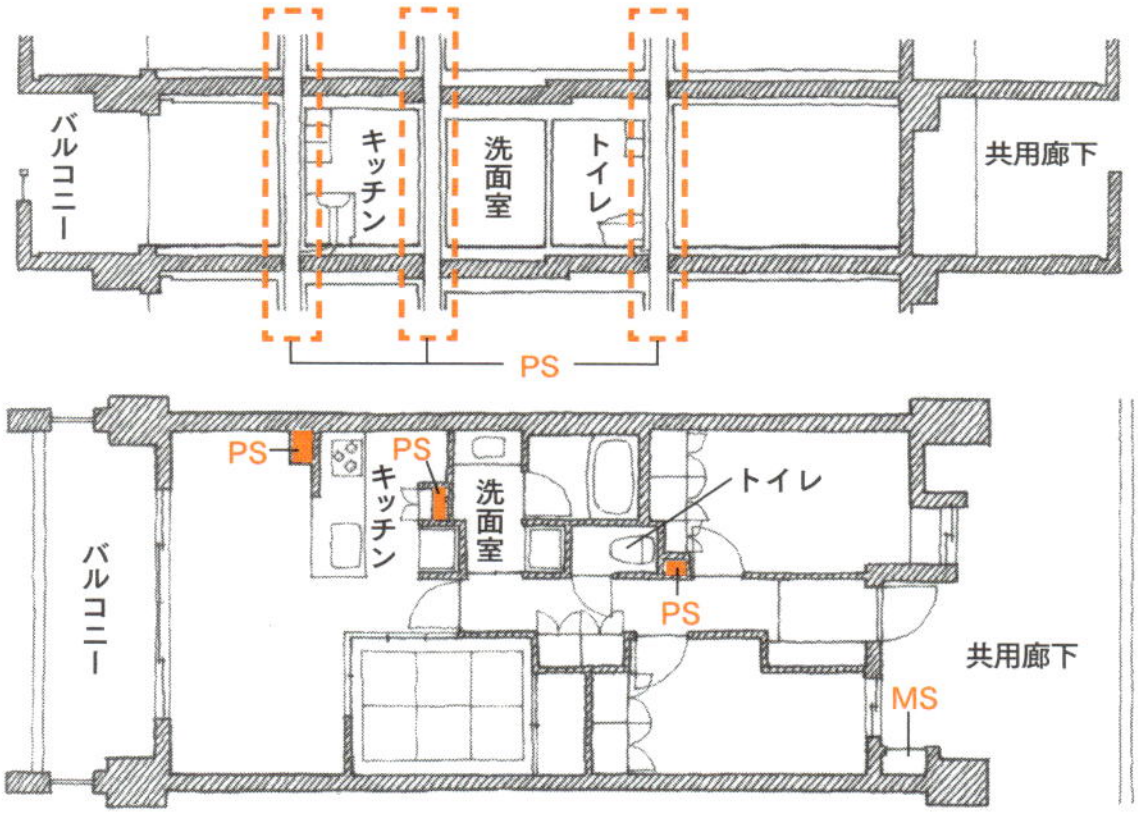

※PS（パイプスペース）：水道管や配水管を通すためのスペース。
MB（メーターボックス）：ガスや水道のメーターを収める箱。

スケルトンインフィル工法

（イメージ図）

給排水管やガス管の交換が共有スペースから行える。

住戸の断面イメージ

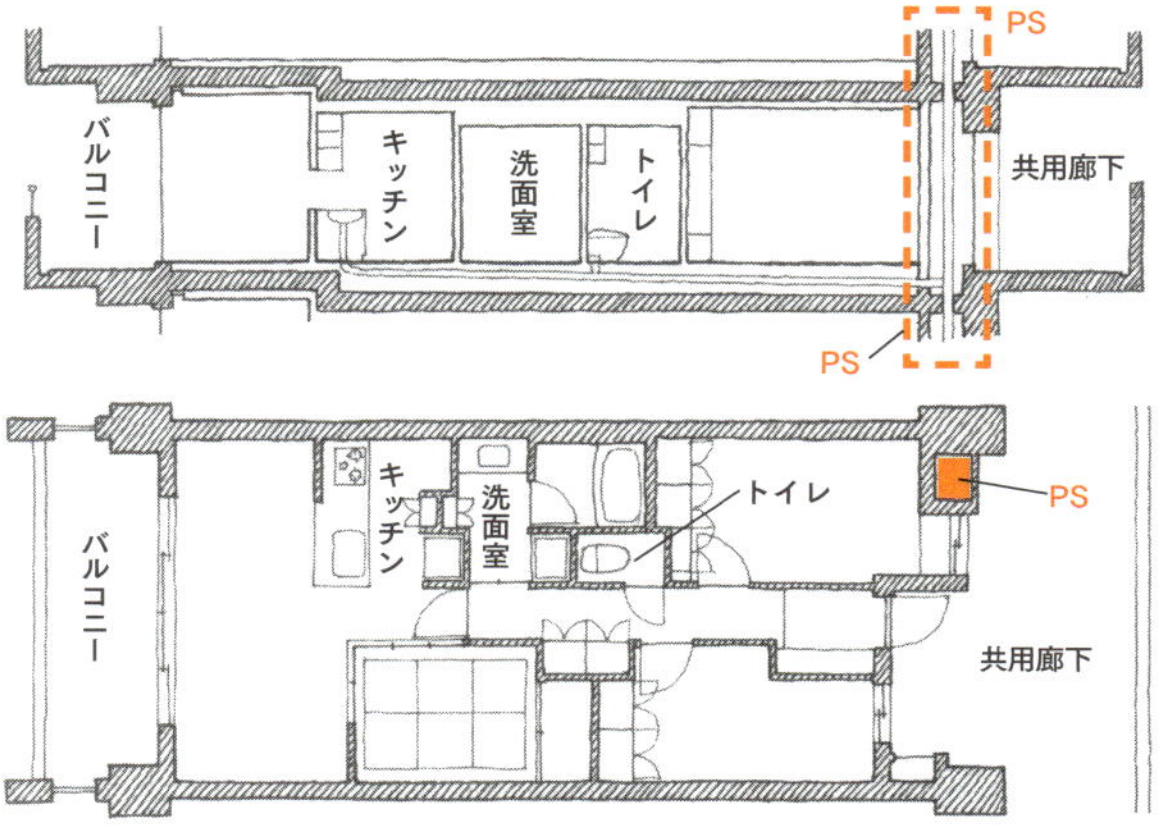

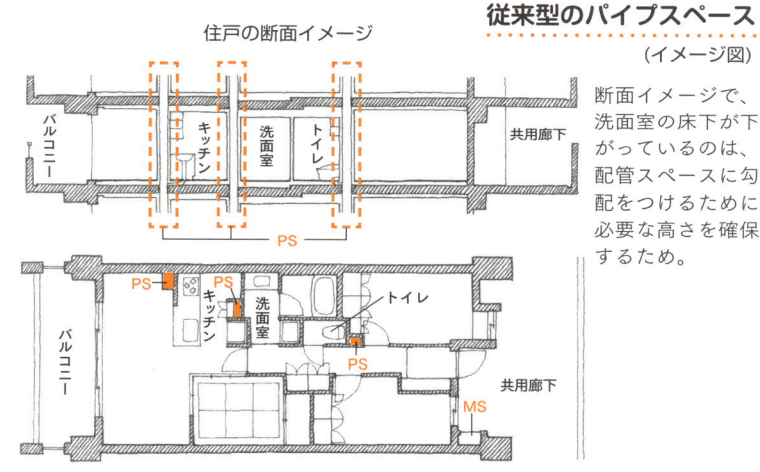

スケルトン・インフィル工法の優れた点は、給排水管やガス管の交換が必要になったときに、共用スペースから作業を行えることです。住戸内の壁や天井を取り外す必要はなく、大規模な工事も不要です。

古いマンションが建て替えや解体される理由はさまざまですが、その一つに、給排水管やガス管の交換が挙げられます。これらには非常に手間がかかり、費用も高額になるためです。居住者は一時的に仮住まいをしなければならないこともあります。そのため、「いっそのこと、マンションを解体してしまおう」となるわけです。

実は「大倉山ハイム」にスケルトン・インフィル工法を設計した当初、オーナーから「廊下にこんな大きな共用スペースを取るのはもったいない」と言われました。その分、各住戸の広さを増やすべきだという意見でした。確かに、一見するとそのように思えるかもしれません。

しかし、各住戸には間取り図に示されているように、ＰＳ（パイプスペース）、ＭＢ（メーターボックス）などが設けられています。これらのスペースに少しの面積を加えてスケルトン・インフィル工法を導入できるのであれば、長期的に見て、住まいの価値を高める設計だと言えるでしょう。

現在では、**スケルトン・インフィル工法は長寿命マンションには欠かせないものとされています**。一般的な住宅情報誌に掲載されている間取り図でも、この工法が採用されているかどうかを確認することができます。

●水廻《まわ》りのリフォームの自由度が高い

長く住むためには、リフォームのしやすさが重要です。たとえば購入当時は夫婦2人だった家庭が、やがて3人、4人と増えることもあれば、その後、子が独立して2人に戻ることもあるでしょう。また、高齢になれば、バリアフリー化が必要になる場合もあります。

さらに、時代と共にライフスタイルに急な変化が生じることも考えられます。たとえば、コロナ禍をきっかけにリモートワークが増え、仕事部屋を確保したいというニーズが高まりました。

スケルトン・インフィル工法は、給排水管やガス管などのライフラインが長持ちす

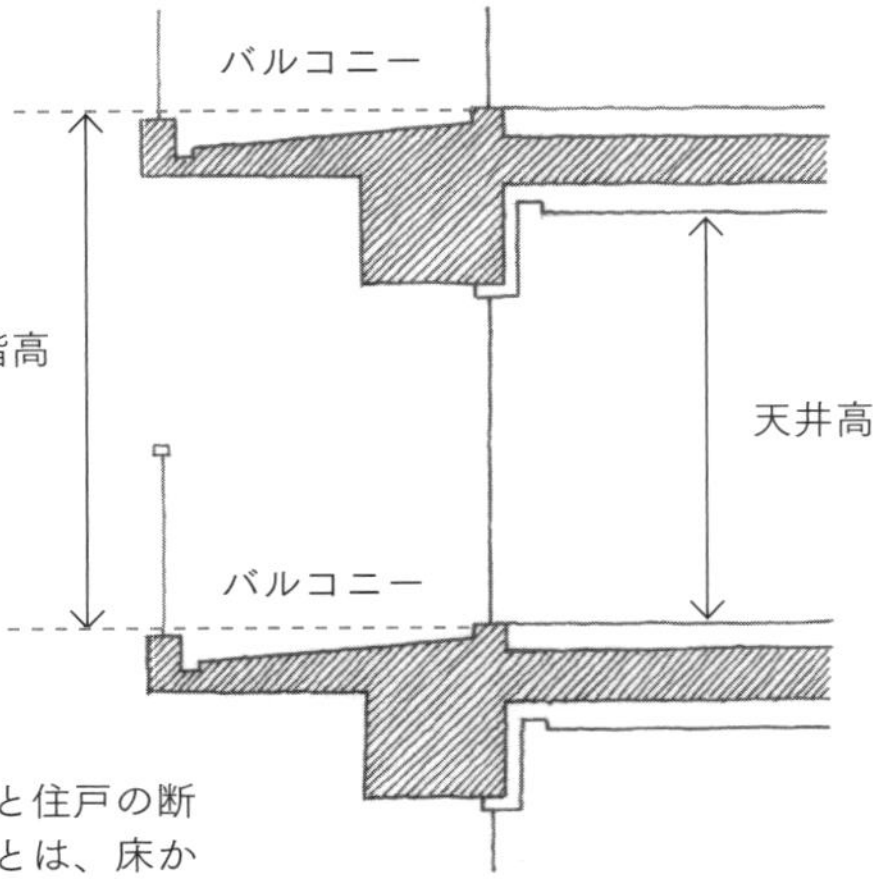

バルコニーと住戸の断面図。階高とは、床から上階の床までの高さ。

るだけでなく、リフォームの自由度が高い点でも優れています。住戸内を大規模にリフォームする際にも、共用部に設置された給排水管やガス管を動かす必要がないからです。

たとえば「大倉山ハイム」の間取りは、スケルトン・インフィル工法を採用しているだけでなく、台所、洗面所、浴室、トイレといった水廻り設備が1か所にまとめられています。このように水廻りが集約されていると、他のスペースのリフォームをより自由に行えるため、長く快適に暮らすための大きなメリットになります。

住戸内の給排水管は床下か天井裏のどちらかを通り、共用部の配管につながっています。水は高い所から低い所へ流れるため、給排水管を通すスペースには勾配をつける必要があります。給排水管が長くなるほど、給排水管を通すスペースには高さが必要になります。

たとえば、キッチンから共用の給排水管までの距離が５ｍとします。このとき、排水管のサイズによりますが、床下（もしくは天井裏）には最低20㎝程度の高さが必要になります。

現在、一般的なマンションの階高（右ページ図参照）は３ｍ程度です。十分な階高が確保されていれば、給排水管を設置する十分なスペースが取れるため、水廻りの位置を柔軟に変えることが可能です。極端な例を挙げると、浴室をもともと寝室だったスペースに移動させることも可能です。

給排水管の配管が床下にあるのか天井裏にあるのかは、一般的な間取り図ではわかりません。階高とともに、モデルルームで販売会社に確認する必要があります。

配管が床下の場合は、床が二重構造になっています。これを「二重床」と呼びます。一方、天井裏にある場合は、床は一重構造で、「直床《じかゆか》」と呼びます。**一般的に、二重床のほうが工事しやすいと言われています**。天井を剝がすより、床を剝がすほうが容易だからです。

部屋の形状にもポイントがあります。なるべく**整形に近いほうがリフォームの自由度が高まります**。家具の配置転換をするにしても、柱や梁《はり》の位置が制約を生むからです。整形の室内は条件1「心地よさ」の重要ポイントであるだけでなく、リフォームの自由度を確保する上でも重要です。

長く住んでいる人はリフォームをしながら住み続けています。集合住宅でありながら、まさに自分の家として愛着を持ち、丁寧にメンテナンスしながら暮らしているのです。

こうした暮らし方は、ＳＤＧｓの観点でも理想的な住み方だと言えます。長期間、同じ場所に住むことは、人の一生で発生する廃棄物を減らすことにつながります。これからの時代、リフォームの自由度はさらに注目されるでしょう。

●将来のバリアフリー化を考える

長く住むためには、将来、バリアフリー化が可能かどうかも重要なポイントです。

この判断に役立つのが「住宅性能表示制度ガイド」です。これは、国土交通省が推進する住宅性能表示制度に基づき、住宅の性能を客観的に評価・表示するためのガイドブックです。この中には「高齢者等への配慮」について記載された項目があり、高齢者や車いす利用者への配慮が5段階で評価されています。この指標は「高齢者等配慮対策等級」と呼ばれ、等級5が最高評価とされています。

専有部では、部屋の配置、段差、階段、手すり、通路や出入り口の幅、寝室、トイレ、浴室の広さなどが基準対象になり、それぞれに細かく基準が定められています。

たとえば、等級3では「高齢者等が安全に移動するための基本的な措置が講じられており、介助用車いす使用者が基本的な生活行為を行うための基本的な措置が講じられている」となります。介助者がいれば、車いす生活者が暮らせるようになっている住戸です。

等級4になると、「介助用車いす使用者が基本的な生活行為を行うことを容易にすることに配慮した措置が講じられている」と評価されます。車いす生活者がよりスムーズに移動できる住戸です。

最高の等級5は、介護施設並みの基準が求められるため、一般のマンションというよりも実質的に「サービス付き高齢者向け住宅」になります。等級3、等級4でも車いすで移動ができ、介助者がいればトイレや浴室を使用することができると想定されます。

●災害に備えるLCP（Life Continuity Plan）が必須

地震や豪雨などの自然災害、それらに伴う浸水や停電など、非常時の備えが整っていることは、長く住めるマンションの重要な条件です。これをLCP（Life Continuity Plan）と言いますが、「生きるための住まい」は今後ますます必要とされるでしょう。

住戸のLCPは「人命保護」と「生存・生活環境の確保」の2つを満たすことが求められます。**地震や台風などの災害に対する強さだけでなく、災害後も生活できることが重要**なのです。

耐震性については、耐震基準が定められているので、比較的わかりやすいです。（第1章21ページ参照）近年は制震構造や免震構造を取り入れたマンションも増えてきています。

新耐震基準が制定された1981年より前に建てられたマンションには注意が必要です。耐震性について、住宅販売会社は買い手に「重要事項説明」を行う義務がありますが、この点は特に詳しく確認する必要があります。

一方、**中古マンションだからといって耐震性が低いとは限りません**。新基準設定以前でも、強い地震に耐えられる構造を持つものもあります。たとえば、1970年代に建てられ、今なお資産価値の高いヴィンテージマンションは、その生きた事例です。もともと堅牢な造りであることに加え、適切なメンテナンスが施されていることを示しています。反対に耐震性が低ければ当然、資産価値も下がります。

近年、都市部でも豪雨災害が頻発しています。2019年には大型の台風19号が首都圏を直撃。都市部を流れる一級河川の多摩川が大増水し、近隣のタワーマンションが浸水、電気室が水没して停電したことがニュースになりました。

電気室が地下に設置されているマンションは少なくありません。特に2009年まで、地下の電気室は建物の容積対象床面積から除外されていたため、地下に設置されることが多かったのです。

しかし、近年では浸水対策として、電気室を2階に設置したり、1階や地下の場合でも浸水対策を強化する対策が取られています。この点も中古マンション選びで注意が必要です。停電が発生すれば、まずエレベーターが止まります。ポンプで水をくみ上げるシステムのマンションでは、ポンプが停止し、水道が止まることもあります。

このほか、**非常用発電機、食料や水、生活用品の備蓄など、災害への備えはマンションによって異なるため、購入前にしっかりチェックしましょう**。

●長持ちするマンションの共通点

長持ちしているマンションは共通して手入れがよく行き届いています。特に、敷地内の緑が美しく保たれているマンションは、住む人に快適さを提供するとともに、建物の価値を保つ重要な要因となります。では、その手入れは誰が行っているのでしょうか？

マンションによって管理方法は異なりますが、**長寿命のマンションでは、住民が協力して手入れをしていることがよくあります。きれいな敷地や草花には居住者がマン**

ションに愛着を持ち、大事にしたいという気持ちが表れているように思います。（82ページ、大倉山ハイム参照）

草木や木々の手入れ、枝葉の掃除などは業者に頼めば費用がかかりますが、住民たちが協力すれば、管理費の節約になり、住民同士のつながりも育まれます。

また、**敷地内の緑が手入れされているマンションは、長期修繕計画がスムーズに進められているケースが多い**です。ここに長く住みたいと思う人が多いからこそ、長期修繕費用の負担にも協力的で、結果的に建物の価値が維持されるわけです。

次の条件3「つながり」にも関係しますが、住民同士のつながりが強いマンションは、適切なメンテナンスや長期修繕がスムーズに実現できています。それが建物の良好な状態を維持し、住民のつながりも深める好循環を生み出すのです。

［条件］3

つながり 地域に愛され、住民のコミュニティーが成熟する

建物は心地よく、丈夫で長持ちすることが大切です。さらに、周辺環境が安定していることも求められます。これらは、いわばマンションに必要なハード面の条件です。しかし、本当に住む価値のあるマンションには、日々を豊かに過ごせるソフト面も欠かせません。地域になじみ、愛され、住民同士のコミュニティーが年々成熟していく。そんな「つながり」が長く心地よく住めるマンションの条件になります。

●地域に愛されるマンションの縁

マンション周辺の地域社会と良好な関係を築くことも、デベロッパーや設計事務所に求められる時代になりました。完璧なプライベートとセキュリティーを優先するマ

ンションもありますが、**地域とのつながりを育む設計は、住みやすさを高める重要な要素です。**

次ページの「セ・パルレ中央林間」は、地域に開かれた敷地設計を取り入れています。もともと雑木林だった土地を開発する際、できるだけ木々を残す設計を採用しました。中央林間という街は小田急江ノ島線と東急田園都市線が通る住宅街で、その名の通り、林に囲まれた地域です。マンション棟の形状が曲線的なのは、大きな樹木を避けるための工夫です。

自然が豊かで、都心からのアクセスもいい中央林間。雑木林だった場所に大きなマンションが建つことに、近隣住民は少なからず不安を感じたことでしょう。しかし、実際には緑が残り、敷地内を近隣住民が通り抜けられる設計を採用しました。その道はマンションの住民と地域の住民があいさつを交わしたり、顔見知りになったりと、自然な交流が生まれるきっかけを提供しています。また、道路沿いに植えた樹木は住戸の目隠しとなり、プライバシーを守りつつ、道を行き交う人々にも心地よい景観を提供しています。

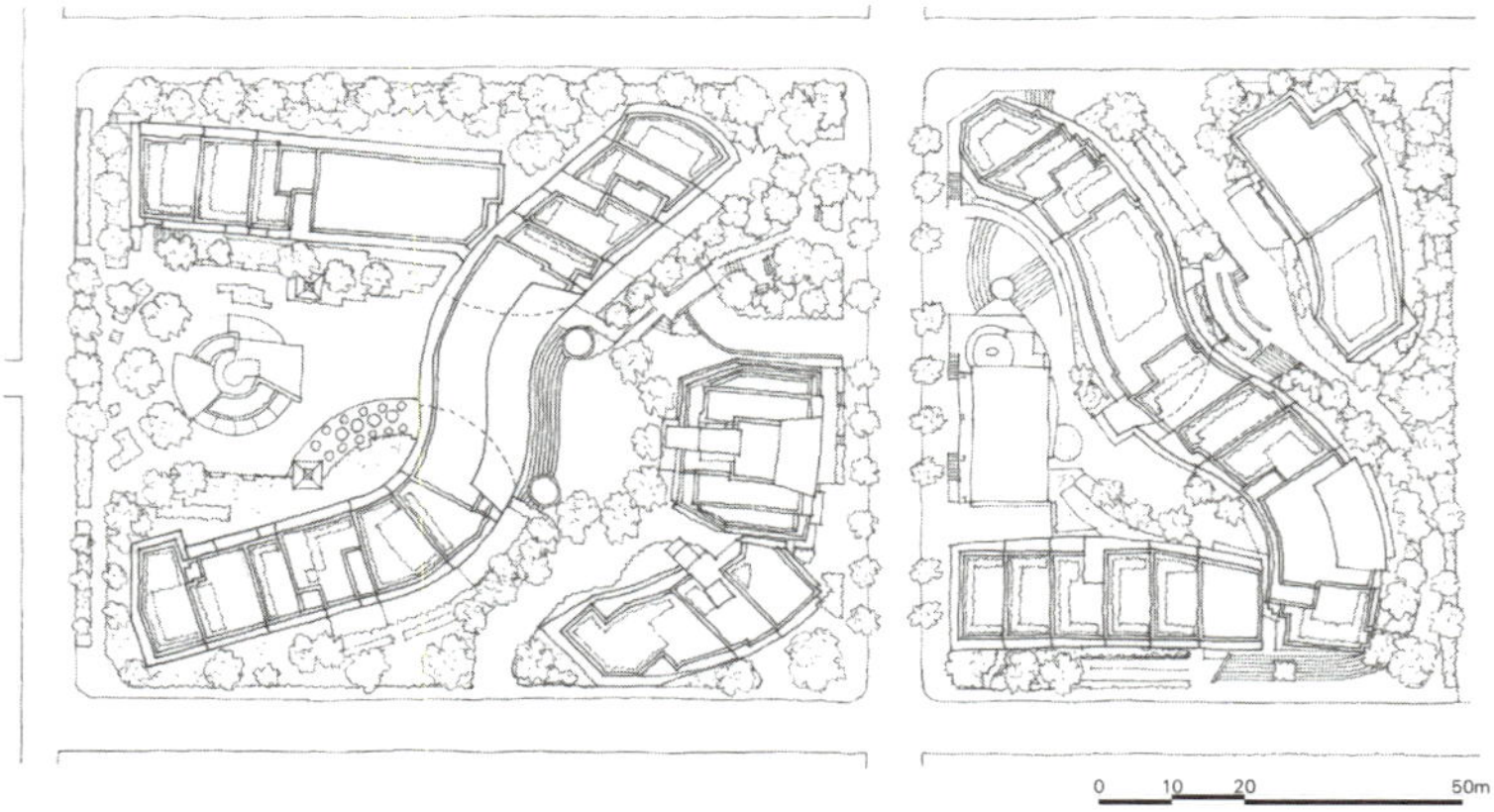

「セ・パルレ中央林間」の敷地俯瞰《ふかん》図
建物以外はほぼ公開空地となっている。

●マンションの評判を高める公開空地《くうち》

地域住民も利用できるマンション敷地内のオープンスペースを「公開空地」と呼びます。これは、マンション敷地内の通路や公園などを住民以外にも開放し、地域全体の利便性や魅力を高める空間設計の一環です。

「セ・パルレ中央林間」は建設から20年ほどたちます。多くの木々があるため、その維持には相当な手間がかかりますが、住民たちも自主的に手入れを行っています。この取り組みは、マンション内の環境だけでなく、地域の環境を支えることにもつながっています。

このように周辺に配慮した緑化や公開空地

地域住民との交流を生み出す

「アトラス品川中延」(東京・品川区)には、防災井戸とかまどベンチが設置されている。地域の緑豊かな空間を整備しながら防災拠点となるとともに、住民同士の交流、地域のコミュニティーづくりにも貢献する。

の整備は、地域住民との交流を生み出し、近隣からの評価を高める効果があります。長い目で見れば地域や街全体の評価を高めると同時に、マンションの資産価値の維持につながるという好循環を生むでしょう。

●コミュニティーが育つスペースがあるか

現代ではコミュニティーの重要性が再認識されており、住民がより使いやすく、集まりやすい共用スペースの重要性が増しています。以前は、独立した共用棟を持つマンションもありました。管理方法やコストなどの課題はありますが、コミュニティーを育てる場があるかどうかは、条件3「つながり」を支える大切な要素の一つです。

マンションが数百戸規模となると、1つの小さな街のようなものです。同じ棟やフロアの近所付き合いだけでなく、趣味やボランティア活動などさまざまなサークル活動も豊かな暮らしには欠かせません。

たとえば住民同士がお茶を飲みながら交流できるラウンジや、子どもの誕生日パーティーやクリスマスパーティーが開ける多目的ルーム、さらにはキッズルームなどの共用スペースは、住民間のコミュニティーづくりにとって大切な場になります。

●住民は多世代ミックスが住みやすい

日本全国で、マンションや団地の老朽化、住民の高齢化などが社会問題化して久しくなりました。

1960年代～70年代に建てられた団地には、当時の子育て世代が多く入居していました。しかしその後、子どもたちが大人になって団地を出ていき、空き室が増えても若い世代がなかなか入ってこないという状況が続きました。その結果、団地と住民が同じように高齢化してしまいました。マンションでも同様の問題が見受けられます。

一方、1970年代に建てられたマンションの中には、「大倉山ハイム」のように、空き室が出ると、30代を含む比較的若い世代が入居し、多世代が共存しているケースもあります。

多世代が共存することで社会はより健全になります。集合住宅も同じです。子どもがいれば、マンション全体の雰囲気が若返り、明るくなり、近所付き合いが生まれやすくなります。

近所付き合いは、セキュリティー面でもアドバンテージになります。エントランスや共用部に設置されたセキュリティーカメラに加え、ご近所の目も重要なセキュリティー機能になるからです。

また、**高齢者にとっても、近所に若い人がいるのは心強いことです**。気軽に手を借りられる人がいることは大きな安心感につながります。

もちろん、なるべく近隣の人との関わりを避けたい人もいるかもしれません。それでも、災害時や緊急時に頼りになるのは遠くの親戚より近隣の住民です。**近所付き合いはセキュリティーであり、セイフティーネットでもあるのです**。

●健全な管理組合が健全な長期修繕計画を作る

分譲マンションには、購入者（区分所有者）で構成される管理組合があります。**良いマンションの特徴は、管理組合が適切に、そして健全に機能していることです**。また、管理会社との関係が良好であることも長く住み続けられ、資産価値が落ちないマンションの条件になります。特に中古マンションの購入を検討する際には、管理組合の機能、管理会社との関係をしっかり確認することが重要です。

管理組合の主な仕事は、共有部の維持管理です。具体的には通路や廊下、屋上、外壁、水道ポンプ、手すり、ごみ置き場などが対象になります。

共用部の管理と並んで重要なのが、大規模修繕計画です。マンションによって異なりますが、大規模修繕は一般的に12～15年置きに行われます。特に30年ごとに行われる長期修繕は、マンションが長く快適に住めるかどうかの分かれ目といってもいいでしょう。同時に、30年、40年と年月を経ても資産価値が保たれるかを左右する要因でもあります。

長期修繕計画を実施する上で最大の課題は資金です。管理組合は長期修繕のために資金を積み立てていますが、資金が不足して修繕が遅れるマンションも少なくありません。

一方、**住民同士のつながりが育まれているマンションでは、修繕計画が計画通りに実行されていることが多いです**。

これはまさに「鶏が先か、卵が先か」の関係に似ています。住民間の近所付き合いが活発で、たとえば植栽のメンテナンスをボランティアで行うようなマンションでは、建物のメンテナンスについても関心が高いわけです。そのため、修繕費の積み立てもしっかりと行われ、必要な費用が確保され、計画通りに修繕が実施されるというわけです。

このように住民のつながりはセキュリティー面の強化につながり、災害時の備えにもなり、長期修繕のスムーズな実施にも寄与します。こうした「数字に表れない価値」が、本当に住む価値のあるマンションを支える大きなインセンティブになるのです。

| Comfortable Apartment 15 |

集合住宅設計のプロの工夫が光る

心地よさを追求したマンション実例15

半世紀前から「心地いいマンション」の設計に取り組んできた日建ハウジングシステムの数多くの物件から、15のマンションをご紹介します。

| Okurayama Heim |

長く住み続けられることが最大のテーマ

大倉山ハイム 3〜8号棟住宅

（神奈川県横浜市、1979年）

スケルトン・インフィル工法の原型ともいえる配管スペースの設置や、両面バルコニーによる採光の確保など、長く快適に住めるマンションの理念を形にした。日建ハウジングシステムの原点ともいえるプロジェクトで、建設時に植えた木々が成長し、建物と共に良好な環境を維持する。

専用エレベーターでかなえるプライバシーと快適性

有栖川ヒルズ

（東京都港区、1991年）

有栖川宮記念公園に面する高級感あふれる全12戸の集合住宅。平均専有面積236㎡で、日本初の住戸専用エレベーターのほか、避難路としても機能する勝手口を設置。また、洗面脱衣室と洗濯室を分離した設計など快適性を追求したプランを採用している。

各階で異なる魅力が楽しめる低層マンション
ライオンズガーデン高幡不動
（東京都日野市、1996年）

南北東に３棟をコの字形に配置し、中庭を設けた低層型マンション。採光と通風を目的にした光庭を挟んだ２住戸１ユニットが基本プラン。１階は専用庭、２階はルーフバルコニー、３階は高天井のリビングフロアを設け、各階とも通風と採光を重視している。エントランスホールも吹き抜けとガラス張りで明るく透明感がある。

中庭と吹き抜けが彩る戸建て感覚の住まい

レクセルガーデン志津

（千葉県佐倉市、1998年）

並木道と公園に囲まれた約１万㎡に及ぶ敷地に立つ、郊外型の大規模マンション。２戸に１つの内階段や吹き抜けを設けたプライバシー性の高い住戸、ルーフバルコニーや専用庭のある付加価値の高い住戸など、戸建ての良さを取り入れたプランが特徴。敷地の約半分を共用スペースとし、人々が集える庭のある暮らしを実現している。

超高層が生む広大な空地と街づくり

シテヌーブ北千住30

（東京都足立区、1990年）

隅田川沿いに建てられた30階建ては、超高層住宅の先駆けになった。東京都の治水事業「スーパー堤防」のための空地確保やウオーターフロントの景観形成など、街づくりを担う集合住宅として注目された。大型のリビングバルコニーも人気を呼んだ。

選べる間取りでかなえる理想の住まい

グランパティオス公園東の街

（千葉県千葉市、1999〜2000年）

幕張新都心住宅地の高層地区に建つ大規模集合住宅。住棟に囲まれた中庭には通り抜けられる通路、街区共用の広場を設け、パブリックとプライベートを調和。各住戸でライフスタイルに合わせて間取りを変更できる「リバーシブルプラン」を採用。家族構成や暮らしの変化に柔軟に対応できるよう設計した。

地域に愛される開かれた空間設計

セ・パルレ中央林間

（神奈川県大和市、2002年）

雑木林だった場所に地域との共生をコンセプトにして建てられた。建物の形状は、もともとあった樹木の位置を生かし、緩やかなカーブを描く（74ページ参照）。敷地内の通路は近隣住民も通り抜けられる設計で、地域に親まれるマンションになることを目指した。多目的ホールやゲストルームなど充実した共用スペースも特長。

緑を守り生まれた点在する棟の住まい
サンウッド市川真間グリーンヒルズ

（千葉県市川市、2003年）

明治・大正時代の貴族院議員だった木内重四郎の旧邸宅の敷地に立つ。既存樹木の90%を保存し、緑を建物で分断しない設計により、「森の別荘」のような環境を実現した。さらに最大限の採光と開放感を得るために、高い階高と独自の住戸断面計画を採用している。

愛着を持って長く住み続けられる新たな集合住宅
ザ・ライオンズたまプラーザ美しが丘
（神奈川県横浜市、2010年）

200年先を見据えた超長期住宅の先導モデル。高強度コンクリートの採用をはじめ、長期使用に耐える構造を確保している。また、環境負荷を抑えるため設計時に環境シミュレーションを実施。敷地面積の約50％を緑地とし、可動ブラインド、ミスト散布などのパッシングデザインを採用し、自然の力も活用しながら快適性を追求している。

| Grande Maison Shirokanedai |

セキュリティーとプライバシーを守る静かな住まい

グランドメゾン白金台

（東京都港区、2009年）

エントランスから住戸の隅々に至るまで、心地よさを追求したマンション。プライバシーを守るよう配慮されたセキュリティーを設け、高級感あふれるラウンジ、吹き抜けの中庭が優雅な空間を演出している。住戸の間取りは柱や梁の出っ張りのない整形された部屋で構成され、心地よい空間を実現。

開放感と立体感を備えた豊かな住空間

プラウド本郷弓町

（東京都文京区、2010年）

構造手法「メガストラクチャー」を採用。十字に配置したメガ柱が建物の重さを支えることで、外周の梁を軽やかにし、ガラスと組み合わせて圧迫感を軽減。大きな窓を取り入れた開放的な空間が特徴で、特に7階と11階は階高が大きく、高天井住戸・ロフト住戸を実現。

最先端の設備を備えた都市型超高層住宅

六本木ヒルズレジデンスA～D棟

（東京都港区、2003年）

免震・制震技術を採用した超高層住宅。43階建てのスリムなB・C棟は、柱に鉄管内部へ高強度コンクリートを充填したCFT構造を採用し、18階建てのD棟は超高層免震構造を採用。自然光が入るシースルーエレベーターや生ゴミ処理システムなど、当時最先端の設備を備えた。

| Bliss Beige Jingumae |

都心で実現した心地よさと安心のハイグレード住宅

ブリスベージュ神宮前

（東京都渋谷区、2008年）

都心では希少な閑静な住宅街に立つハイグレードな88邸。外観に和の様式美をくみ、エントランスには日本の伝統技法の石畳や水盤などを取り入れている。最新の免震システムと、滝の音やプールなどの共用施設により、洗練された癒やしの空間を実現している。

| Miyamasuzaka Building |

安全性と快適さを追求した渋谷の新たな住まい

宮益坂ビルディング

（東京都渋谷区、2020年）

日本で最初の分譲マンション（1953年）の建て替えプロジェクトで誕生。「渋谷の都市文化的生活」「日本初の高級分譲マンション」「最新技術の集合住宅」の価値観を、現代の渋谷の多様な生活スタイルに合わせて変革させながら継承している。

四季折々の自然を感じられる心地よい環境
桜上水ガーデンズ
（東京都世田谷区、2015年）

1965年完成の「桜上水団地」17棟404戸を9棟878戸に建て替えた。既存の約200本の樹木や公園を生かして街の風景を継承しながら、より暮らしやすい空間を目指した。駐車場を地下化し、上部を屋上庭園にするなど、豊かな緑と人々が集える空間を提供している。

Part 3

集合住宅設計のプロが選んだ！
4つのマンション実例

集合住宅の設計者は、住まいを選ぶ際にどのようなポイントに注目しているのか。そのプロセスや基準について、実際に私たち自身が選んだマンションを例に挙げて詳しくご紹介します。資料の活用法や候補の絞り込み方など、プロの視点が少しでも皆さまの参考になれば幸いです。

Case 1
セキュリティーと将来の間取り変更を考えた住まい選び

S邸

住人：4人（夫、妻、未就学児2人）

築年：2021年（新築購入）

8階建ての3階／専有面積72.71㎡

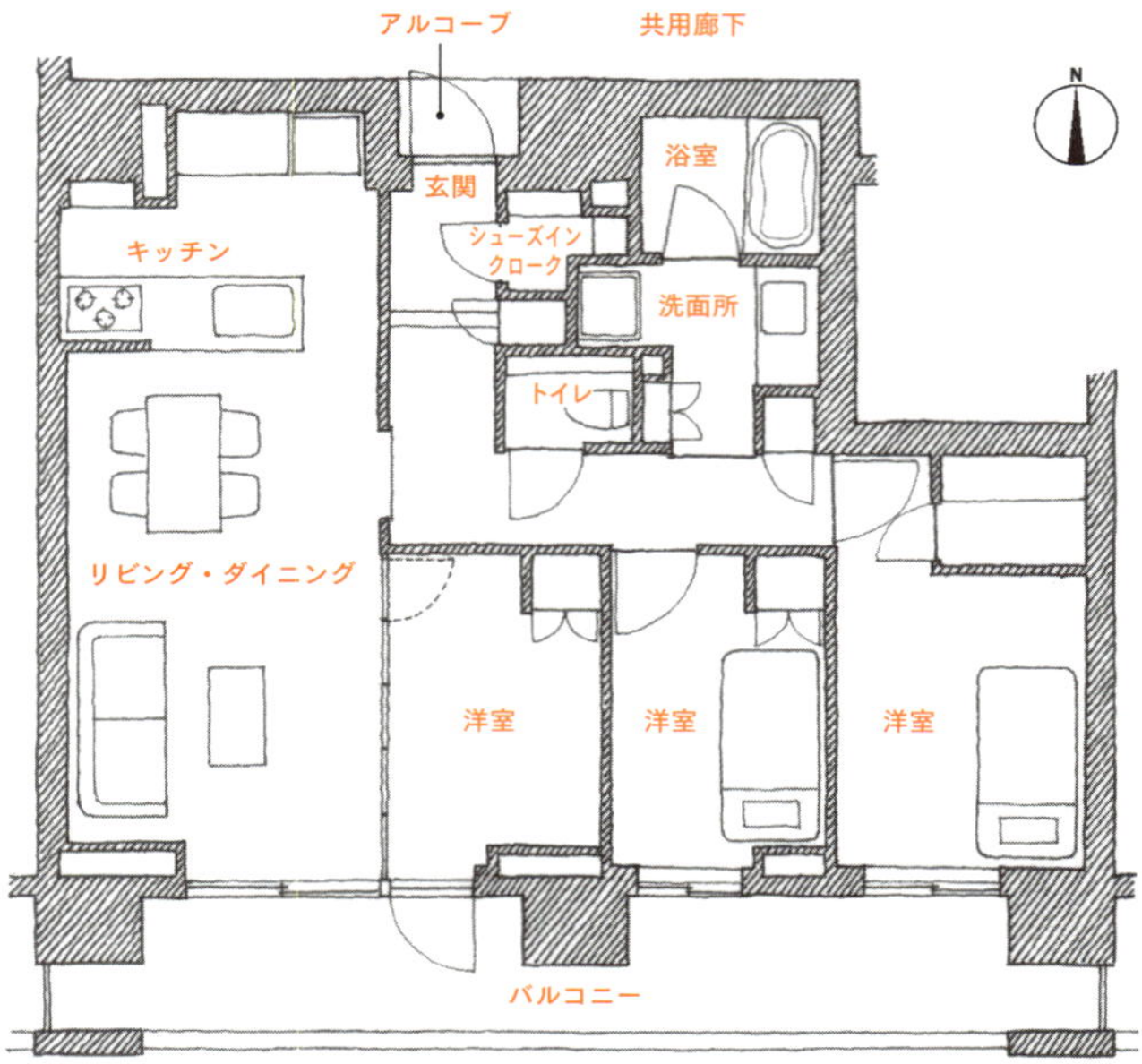

専有部で確認したこと

- □ 住戸の形は整形か（デコボコしていないか）
- □ 間口は広いか
- □ 居室が外部に面しているか
- □ 水廻《まわ》りはまとまっているか
- □ リフォームの自由度は高いか

勤務先に近いエリアで探していました。家人が持ち帰ったマンションのパンフレットが勤務先に近く、価格も予算内だったことから、日建ハウジングシステムの設計ではないものの、購入の検討を始めました。

部屋は整形かつ長方形に近いほど心地よく、使い勝手が良いものです。特に小さな子どもが2人いる場合、将来それぞれに個室を持たせる必要が出てくることを考えると、住戸の形が整形であることは重要です。整形だとリフォームしやすいからです。

リビングと隣の洋室の間はウォールドアで仕切られており、普段は開けてリビングとつなげ、広く使っています。将来は、完全に閉めて子ども部屋にする予定です。

間口が広く、全部屋が窓に面して採光性が高いこと、水廻りが比較的まとまっていて、リフォームの自由度が高い点も決め手でした。

共用部・外部環境で確認したこと

- □ 隣り合う住戸は少ないか
- □ １基のエレベーターを何戸が使うか
- □ エレベーターからの動線は短いか
- □ 窓から何が見えるか
- □ 環境が変化しないか
- □ 外から住戸内がのぞかれないか

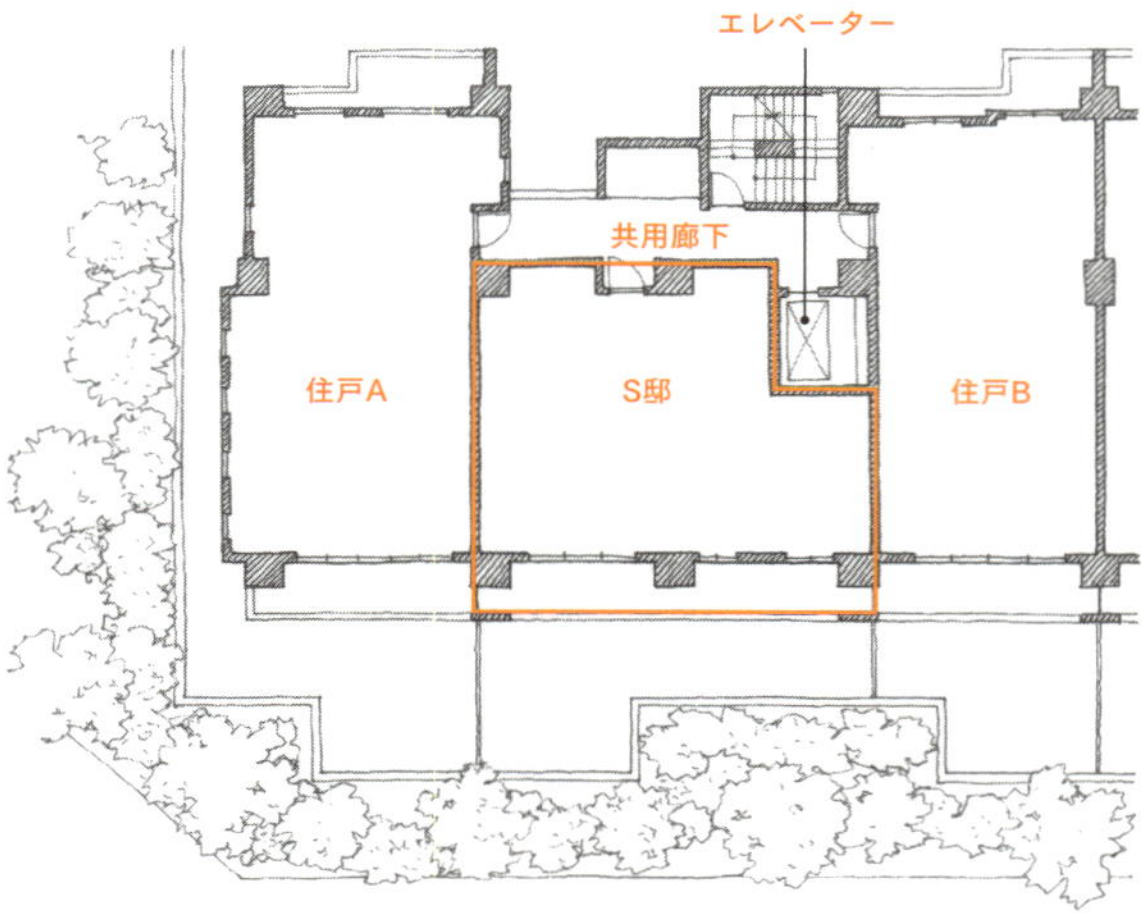

住戸の構成については、住宅販売会社から図面集やパンフレットを集めて検討しました。

1フロア3住戸と少なく、エレベーターが3住戸専用である点が魅力でした。このマンションはスキップエレベーター方式で、地下2階のエレベーターから1階に上がり、各フロア専用のエレベーターに乗り換えます。一見、面倒に思われるかもしれませんが、セキュリティー面では非常に効果的。このエレベーターを使うのは、同フロアでは3住戸だけだからです。また、エレベーターを降りてから住戸までの動線が短い点も選んだ理由です。

こうした住戸構成は、自然と近所付き合いが生まれやすい環境をつくり出します。同フロアの住民同士でコミュニティーが育まれることも期待しました。

その他の共用部で確認したこと

- □ エントランスから住戸に至る動線のセキュリティー（住戸まで歩く時間と距離。外の人に合わないか）
- □ エレベーターの待ち時間、台数
- □ ごみ置き場の位置
- □ 車両と歩行者の動線
- □ 駐輪場の位置

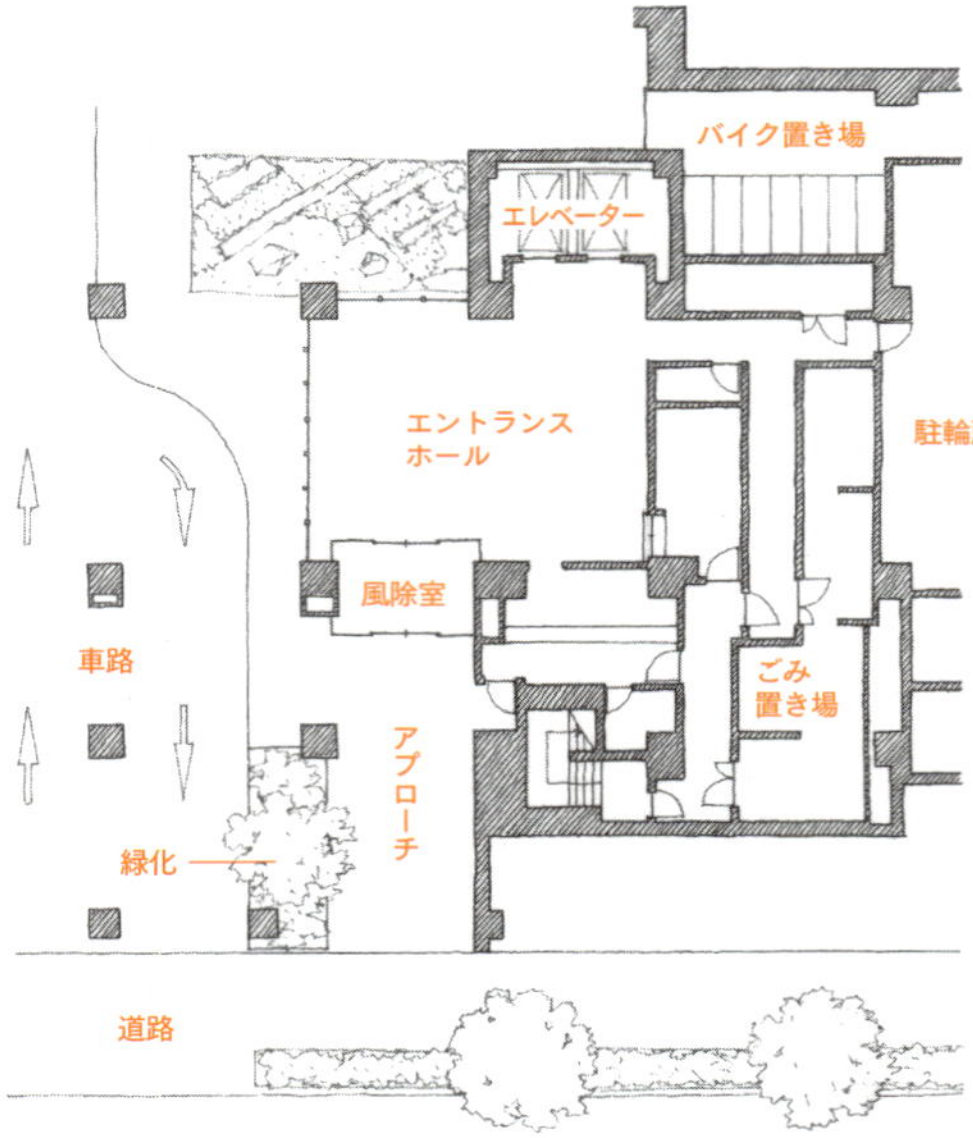

そのほかで意識したのはプライバシーの確保です。建物内だけでなく、公道からエントランスホール、住戸に着くまでの動線を確認しました。また、公道と敷地の間には植栽があり、外からエントランスの中が見えないよう配慮されています。この点も評価ポイントでした。

さらに、エレベーターについては、1階には全戸共通のものが2基ありますが、待ち時間が問題ないかどうかもチェックしました。

ごみ置き場や駐輪場についても、雨の日でも濡れない動線になっているかを確認。その地域の土地利用目的が定められた「用途地域」やハザードマップで災害リスクをチェックした上で、購入を決定しました。

Case 2
実は狙い目！　広いオープンテラスと高いプライバシーを両立した地下住戸

A邸

住人：3人（夫、妻、未就学児1人）

築年：2011年（新築購入）

地上3階・地下1階の地下1階／専有面積72㎡

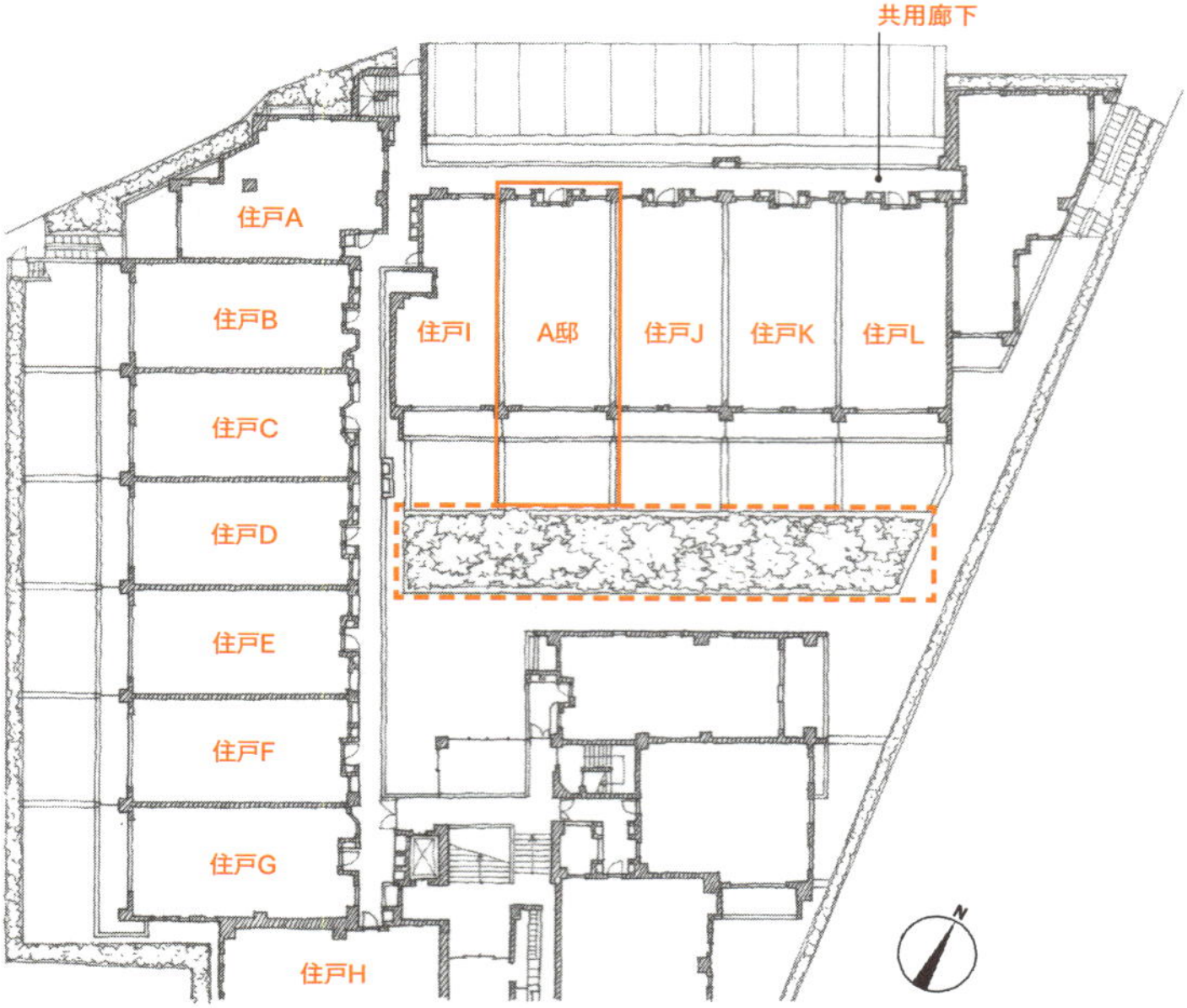

マンションの立地と規模で確認したこと

- □ 用途地域は？　低層住宅街にあるか
- □ マンションは低層階か
- □ 住戸数は多過ぎないか

低層から超高層まで設計経験はありますが、自宅として選ぶなら低層住宅地にあるマンションの低層階がいいと思っていました。小ぢんまりしたマンションのほうが落ち着き、セキュリティーの面でも安心感があると考えていたためです。

その観点で探すと、候補物件はかなり限られました。そのため日建ハウジングシステム設計のマンションにはこだわらず探すことにしました。

このマンションは、周囲が低層住宅地のため1階でも十分な日当たりが期待できる点も魅力。さらに、規模が小さい分、管理費が大規模マンションより低く抑えられるのがポイントでした。

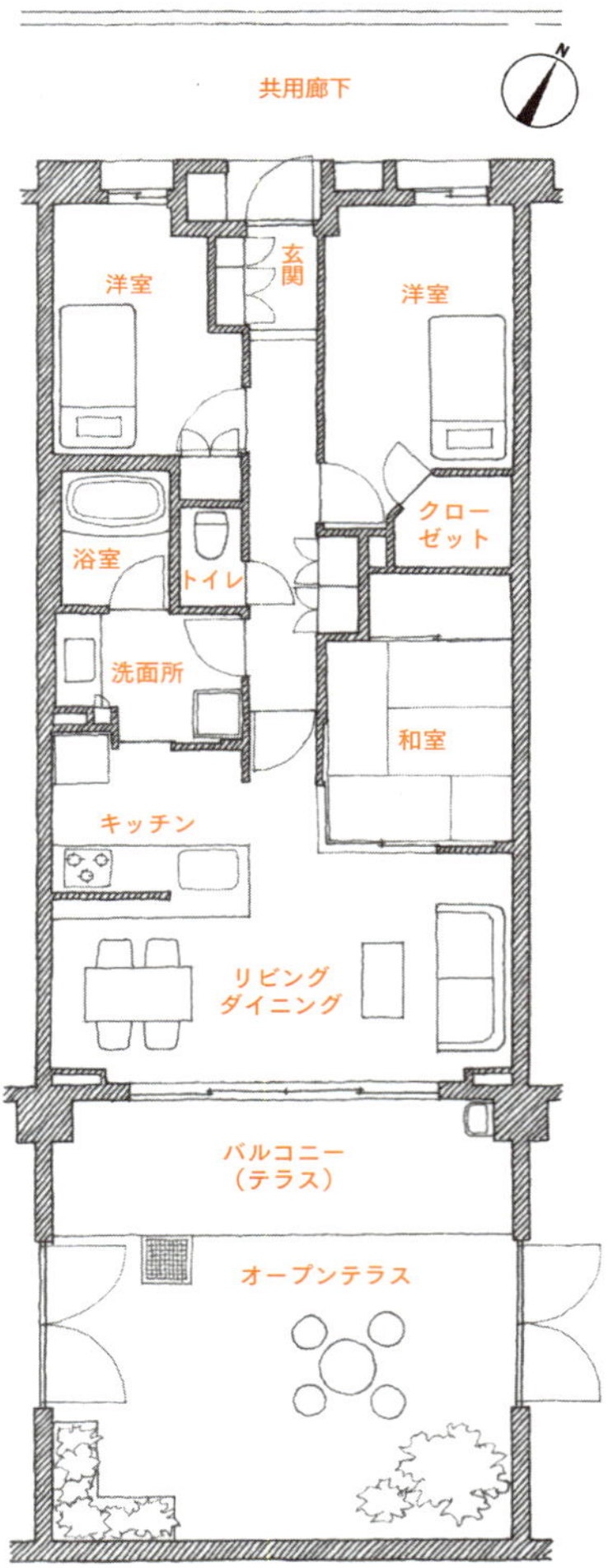

専用部で確認したこと

- □最下層階か
- □水害のリスクはないか
- □部屋の形が整形か
- □バルコニーに対する間口は広いか
- □テラスのプライバシー。外からのぞかれないか
- □テラスの向こう側の環境変化がないか

一般的に「羊羹型《ようかん》」と呼ばれるプランですが、部屋がなるべく整形でシンプルな間取りを選びました。また、リビングルームとバルコニー、テラスを一体的に活用できる幅広い開口部を持つ「横型ＬＤ」を重視したのもポイントです。

購入時は子どもが小さかったので、下の階への騒音を気にしなくて済む最下階の住戸を希望していました。地下住戸は一般的には人気がないとされますが、地下階を上手に生かした設計プランに大きな魅力を感じました。

道路に面していないマンションの住戸には、東京都安全条例で「窓先空地《まどさきくうち》」の設置が義務付けられており、このスペースをオープンテラスとして利用できます。この住戸では、幅約6ｍ、奥行き約4ｍと広いスペースが確保され、採光性も高く明るく保たれています。もちろん、購入前に周辺のハザードマップや設計仕様を読んで、水害のリスクが低いことは十分に確認しました。

テラスの先に何があるかも重要なポイントでした。この住戸では緑地帯を挟んで同じマンションの廊下に面しており、プライバシーが守られています。また、窓の向こうの環境が将来的に変わらない安心感も大きな価値です。環境変化のないマンション設計を手がけてきた経験から、この点を重視しました。

隣の住戸との間の扉。4戸続けて扉を開放し、子どもたちの遊び場に。

コロナ禍中は、テラスで仕事をしたことも。

実際に住んでみると、幅約6m、奥行き4mのオープンテラスの存在感は絶大です。子どもの自転車練習やキャッチボールを楽しむ場として活用したほか、コロナ禍にはテラスにテーブルを置いて仕事をしたこともありました。

オープンテラスは共用部であり、隣の住戸との間には避難用の扉が設置されています。同じフロアの住民と話し合い、この扉を開放して、子どもたちが自由に行き来できる遊び場にしました。住民同士の交流が生まれ、一斉にテラスの掃除をしたり、食事会を楽しんだりしています。

専用部で確認したこと

- □動線のプライバシー
- □エントランスから遠くないか
- □駐輪場は遠くないか

ごみ置き場については、建物の外に設置されている点が気になりました。一度外に出る必要があるため、雨天時には濡れてしまいます。この点は検討する際、マイナスポイントに。

リフォームの自由度にも注目しました。洋室とクローゼット、和室の仕切りはリフォームがしやすい構造になっています。たとえば、クローゼットを部屋に変更することもできますし、それらをつなげて広い一部屋にすることも可能です。また、PS（パイプスペース：水道管や配水管を通すためのスペース）が離れているものの、水廻《まわ》りがまとまっているため、リフォームの計画が立てやすい点も魅力です。

Case 3
リフォームに挑戦しがいのある間取りの中古選び

N邸

4人（夫、妻、子ども2人）

築年：1988年　購入年：2021年

4階建ての1階／専有面積71.26㎡

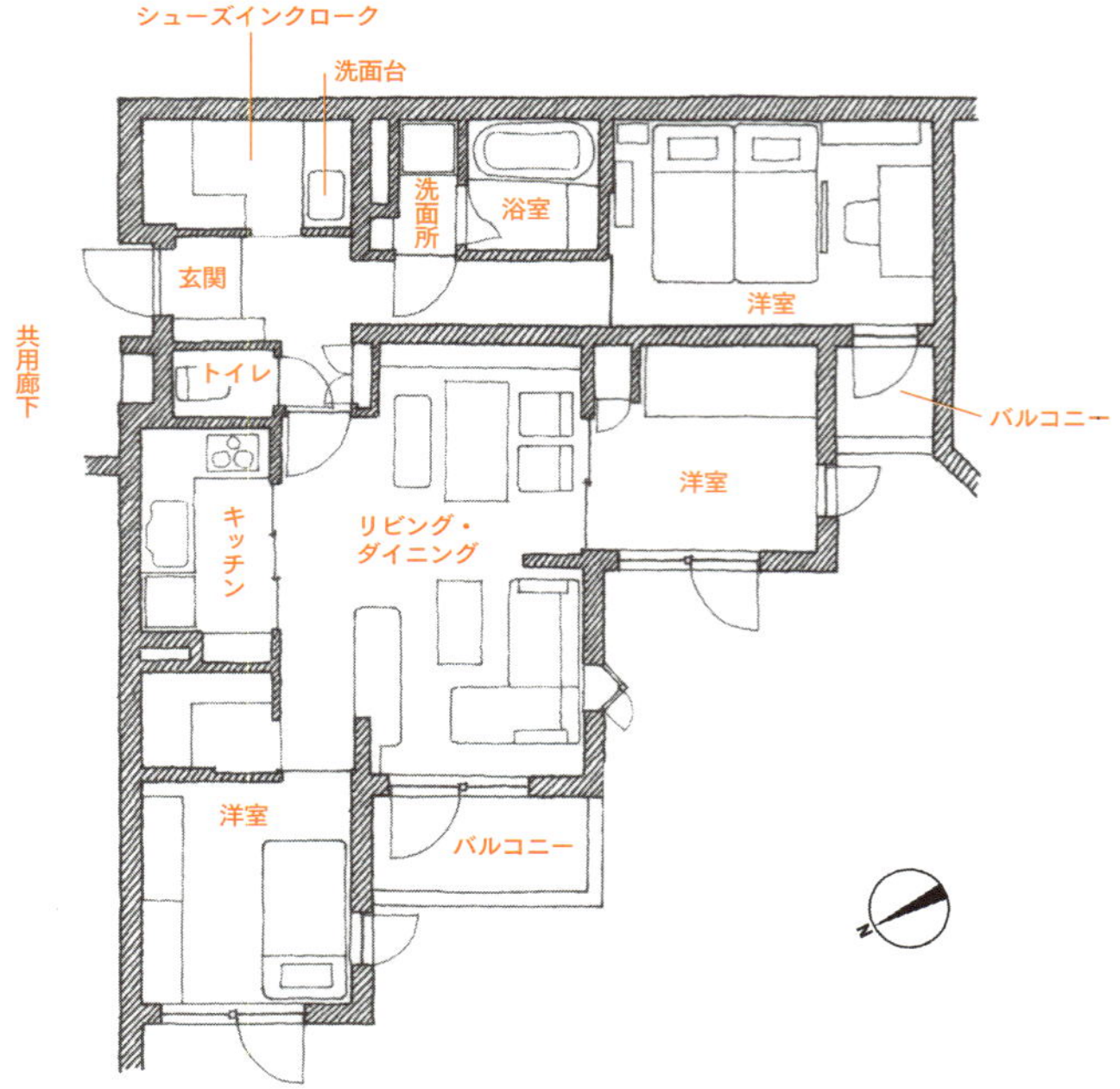

専有部で確認したこと

- □ 住戸の形は整形か
- □ 間口が広いか
- □ 居室が外部に面しているか
- □ 水廻りはまとまっているか
- □ 水廻りのリフォームの自由度

もともと中古マンションを購入してリフォームしながら住みたいという願望がありました。外型がガクガクした雁行型《がんこう》のプランは一般的にはリフォームが難しいとされますが、設計者の立場から見ると、むしろリフォームのしがいのある間取りだと感じました。

2021年当時は、かなり珍しいプランであったため、日建ハウジングシステムの設計ではないものの、大いに魅力を感じ、購入を決めました。

全体は雁行型ですが、一つ一つの部屋は整形であること、開口部が9・5mと十分広いこと、最もリフォームしやすい1階であることなど、条件がそろっている点が魅力でした。

外部環境で確認したこと

- □ 隣り合う戸数はいくつか
- □ 窓の向こう側の景観
- □ 環境変化のリスク
- □ 外からのぞかれないか

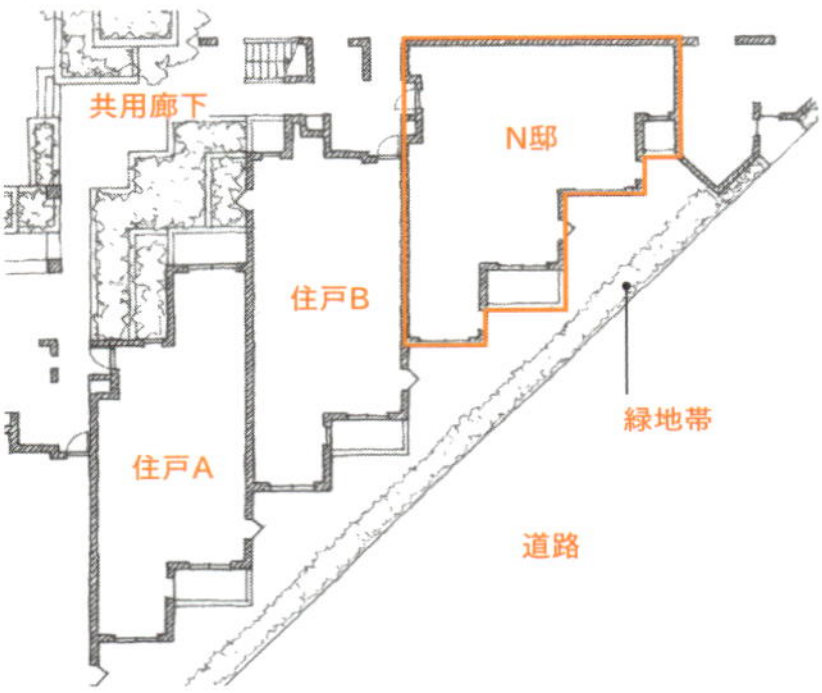

そのほか、水廻りがまとまっていること、壁式RC構造（※3）で室内に柱が出っ張っていない点も、リフォームするのに大きな利点です。

　また、1階という特性上、窓の向こう側の環境や景観は特に重要な検討ポイントでした。この住戸では、窓の外には緑地帯があり、その先は道路、さらにその先は住宅地が広がっています。住戸は雁行している上、道路に対して45度の角度で配置され、正対していないこともポイントです。さらに緑地帯のおかげで道路からの目線は遮られ、プライバシーが確保されています。また、この環境は将来的な変化のリスクも小さいと判断しました。

※3：壁式RC構造：鉄筋コンクリートの壁で建物を支える構造で、柱のない空間を実現できる。

動線、その他で確認したこと

- □ ごみ置き場の位置
- □ エレベーター
- □ 耐震性
- □ 施工会社

リフォームした部分

- 洗濯機置き場がキッチンにあった↓洗面所に移動
- 真ん中の6畳の和室を洋室に
- コロナ禍になり、玄関を入ってすぐのシューズボックスの位置に洗面台を設置

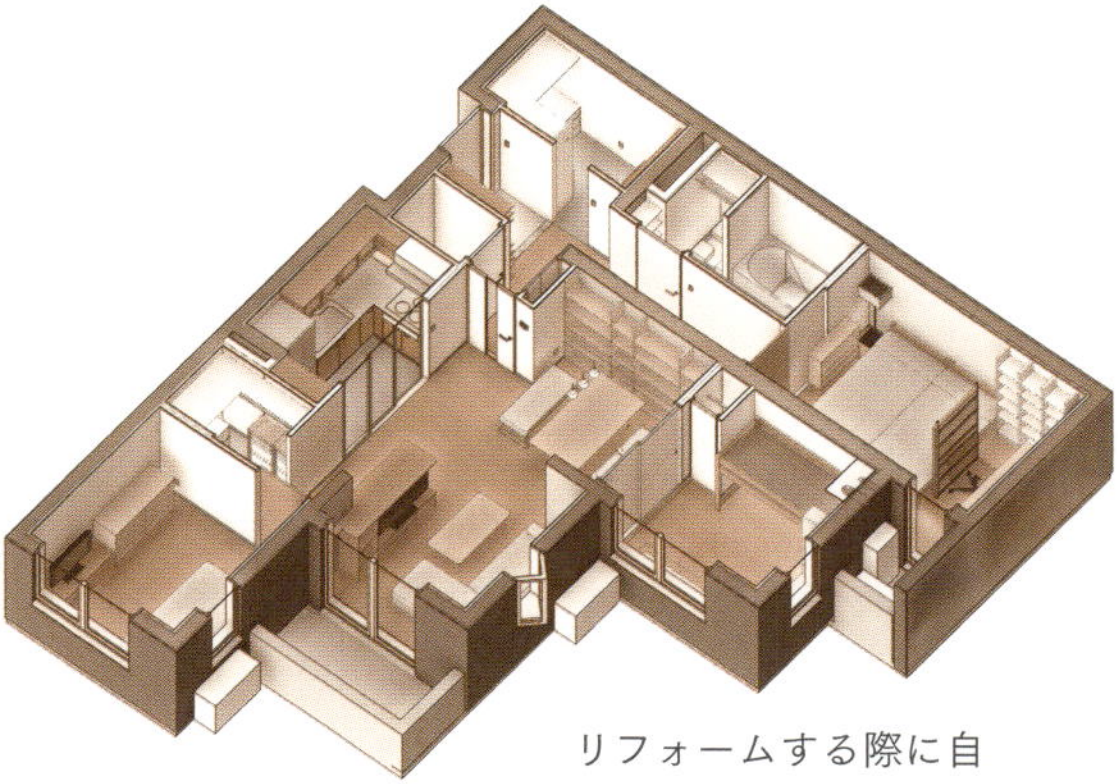

リフォームする際に自分で作成した間取り図。

Case 4

風通しの良さとプライバシーを兼ね備えたルーフバルコニーのある住まい

O邸

住人：4人（夫、妻、小学生の子ども2人）

築年：2002年（新築購入）

10階（最上階）／専有面積94.81㎡

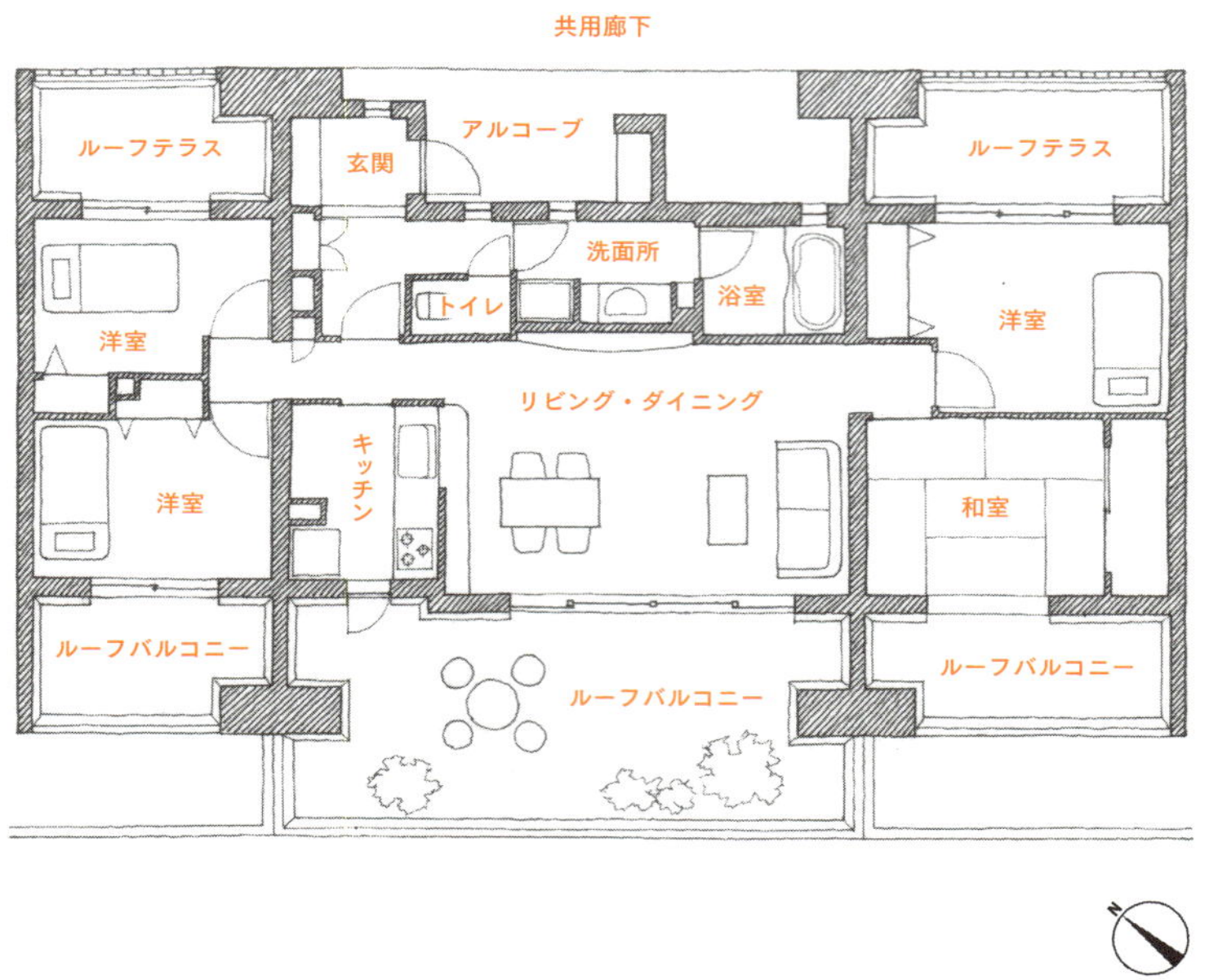

専有部で確認したこと

- □ 通風性と採光性が十分か
- □ 水廻りに開口部があるか
- □ 玄関から各部屋への動線はどうか

前の住居の近所だったこと、そして日建ハウジングシステムが設計したマンションであることが、このマンションを検討する大きなきっかけになりました。

図面を見ると、間口が約16mと非常に広く、トイレを除く全ての部屋に掃き出し窓が設けられており、通風性や採光性に優れています。その結果、風が南北に抜ける通り道ができており、この点も魅力的でした。また、浴室や洗面所といった水廻りに窓（開口部）がある点も貴重です。窓があることで通風や明るさが確保され、湿気がこもりにくい環境が整えられています。

購入時、小学生の子ども2人に洋室をそれぞれ与えました。玄関からリビングを経由しないと個室には行けない動線になっているため、家族が必ず顔を合わせることになる間取りも気に入りました。

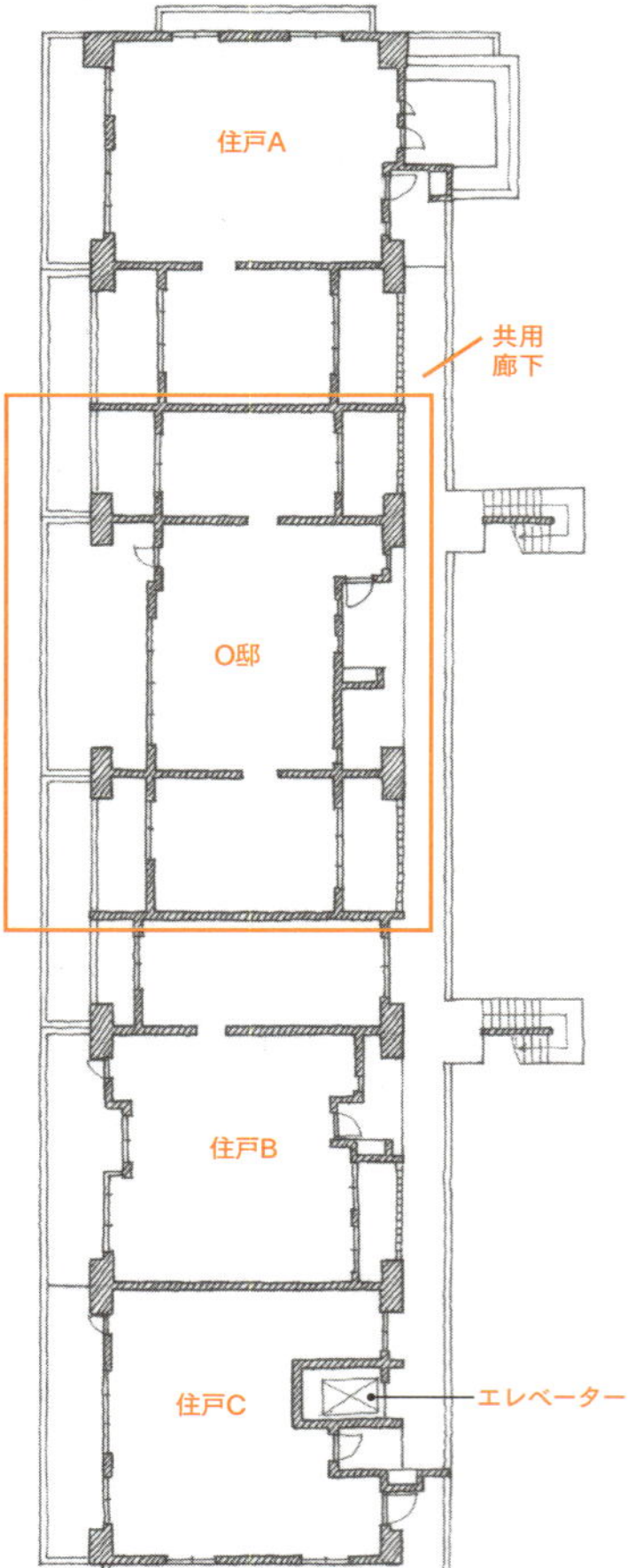

共用部で確認したこと

- □同じフロアの住戸数は多過ぎないか
- □バルコニー側、通路側のプライバシーは確保されるか
- □外部環境の変化はないか

同じフロアは4住戸のみで、奥の住戸の住民しか自宅前の廊下を通らない設計になっています。

マンションは中庭を挟むコの字形で、南側と西側は建物が建つ可能性はありましたが、東側の住戸は中庭に面しているため、環境が変わる心配はありません。また、中庭には4階建て自走式駐車場が建設予定でしたが、購入を検討していた住戸は10階だったので、視界に駐車場が入ることもありません。

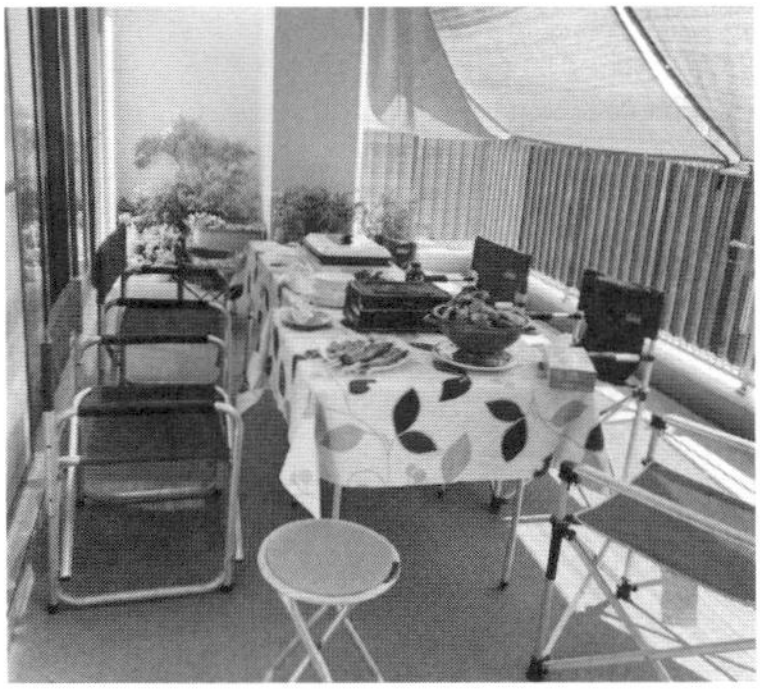

ルーフバルコニーにテーブルを出して、明るくておしゃれな食事を楽しめる。

ルーフバルコニーのプライバシーも重要な検討ポイントでした。向かい側は中庭を挟んで西棟の廊下ですが、距離が60ｍほど離れており、プライバシー面でも十分だと判断しました。ちなみに、廊下側の壁はガラスブロック仕様で視線を遮っています。

ルーフバルコニーは奥行き3・3ｍあり、テーブルを出して食事をしたり、テントを張ってベランダキャンプを楽しむこともできます。両隣の住戸のルーフバルコニーまでは十分な距離があり、プライバシーがしっかり確保されています。

マンション南側から自宅バルコニーの見え方を確認したことがありますが、目線も気になりませんでした。

Part 4

失敗しない！ いいマンションを見極める12のポイント ＋チェックリスト

本章では「本当に価値あるマンションの３条件」を基に、マンションの良否を見極めるための12の重要ポイントを解説します。さらに、144ページからは「キッチン」「廊下」など部門別の詳細なチェックリストを掲載しています。新築・中古を問わず役立つ内容なので、購入前の検討資料としてぜひご活用ください。

Point 1

玄関前のゆとりあるアルコーブ

- 玄関扉の開閉時に共用廊下を歩く人とぶつからない奥行きが必要
- 玄関扉の有効幅は80㎝以上
- 居住者が自由に使えるスペースか確認

玄関扉の前の、少しくぼんだスペースをアルコーブと言います。この空間は、外から室内が見えないようプライバシー性を高める役割があります。また、玄関扉を開閉する際に共用廊下を歩く他の住民と接触しにくくする効果もあります。こうした機能を発揮するには、玄関扉の幅以上の奥行きがあることが望ましいです。

さらに、玄関扉の有効幅も重要なポイントです。**「有効幅80㎝」とは、幅や奥行きが80㎝の荷物が通過できるサイズのことを指します**。80㎝あれば、一般的な家具や荷物の搬入がスムーズに行えますが、**85～90㎝程度あるとさらに安心です**。将来、車いすを使うことになっても移動がラクになります。

扉の幅だけでなく、配置も確認しましょう。扉が共用廊下に対して正面を向いている場合、共用廊下を歩く人と顔を合わせやすくなります。一方、共用廊下に対して横向きなら、顔を合わせにくくなり、プライバシー性が高まります。

アルコーブは「住まいの顔」として自分らしい演出を楽しめるスペースでもあります。植木鉢や小物を置くことが認められている物件もありますが、マンションによって規定が異なるので、事前に確認しておきましょう。

Point

2

風が一気通貫する間取り

- 風が通り抜ける間取りは採光性も良好
- 共用廊下から室内への視線を遮る配慮がある
- 両面バルコニーは風通し抜群でプライバシーも安心

風通しの良さは、住み心地の良さに直結します。マンションは戸建てと比べて窓が少なくなる傾向がありますが、採光性の面でも窓の配置が重要です。

バルコニー側と共用廊下側に窓があることに加え、両側の窓を開けたときに風が通り抜けるかがポイントです。窓がバルコニーの対向線上に配置されていれば、スムーズに風が通り抜けます。

外廊下の場合は、外廊下側の窓を開けた際に、室内が見えないように配慮されているかも重要です。たとえば、外廊下の床より室内の床のほうが高くなっていると、外を歩く人と視線が合いにくくなります。また、窓に視線を遮るルーバー面格子が設置されていると安心です。隙間の大きいタテ格子ルーバーしか設置されていないマンションでは、外廊下から室内が見えやすいので注意が必要です。

理想的な間取りは、バルコニーが建物の両面にある「両面バルコニー住戸」です。風通しが抜群で、外廊下側の窓を全開にしても視線が気になりません。こうした間取りは新築には少なく、中古マンションでは狙い目です。

さらに、窓の外に大きな建物があると風の通り道が遮られることがあります。景観とともに、外部環境もしっかり確認しましょう。

Point
3
居室は整形に近いほどいい

●壁の柱、天井の梁《はり》が少ない整形な部屋が心地いい
●整形で長方形の部屋は家具の配置がしやすく、リフォームもしやすい
●天井の梁などの出っ張りはモデルルームで確認

居室の形は「整形に近い」ほうが心地よく、使いやすいです。「整形」とは部屋の形がきれいな四角であることを意味します。**柱や梁などが壁や天井から出っ張っていない部屋が理想です**。

整形の中でも、正方形より長方形のほうが、ソファやテーブルなどの大きな家具を配置しやすく、部屋を効率的に使えます。特に、ゆとりが重要になるリビングでは、そのメリットを実感できるでしょう。

また、整形の部屋はリフォームの自由度が高いことも特長です。部屋にデコボコが少ないほうが、壁や天井の工事がしやすく、レイアウト変更に柔軟に対応できます。

ただし、マンションのパンフレットなどの**間取り図では、天井の出っ張りがわかりにくいことがあります**。

間取り図に記載された「天井高」は、主に、梁などのない「一番高い部分」の高さが記載されています。また、柱の出っ張りが専有面積や部屋の畳数に含まれていることもあります。これらを正確に把握するためには、販売会社に確認したり、モデルルームで自分の目で確認することが大切です。

Point

4

廊下は大型家具が入る有効幅を

●廊下の有効幅は85㎝以上
●L字形廊下は、曲がり角も余裕のある幅が必要
●廊下の曲がりは2回以内が使いやすい

住戸内の廊下の有効幅は85㎝以上あることが望ましいです。

日本の住宅設計では、人の通る最低限の幅を60㎝としていますが、これは体の大きな人の場合、横向きでないと通れない程度の狭さです。家の中では、住人同士がすれ違うことや、大型の家具や家電を搬入することもあるため、85㎝の幅を確保したいところです。この幅があれば、車いすが通っても、その横を人が歩ける余裕が生まれます。

実際に大型家具などの搬入予定がある場合は、事前に寸法を確認しておく必要があります。特に、L字形の廊下は注意が必要です。角を曲がる際には、直線の廊下と比べて幅が必要になるため、余裕のある幅が確保されているかを確認しましょう。

また、廊下の曲がりは2回が限度です。曲がりが多くなると、家具などの搬入時に床や天井にぶつけやすくなるだけでなく、車いすを利用する際にも、不便が生じる可能性があります。

直線で幅の広い廊下は、暮らしやすさと将来の使いやすさの点で重要なポイントになるのです。

Point

5

水廻《まわ》り設備の配管はスケルトン・インフィル工法

●長持ちするマンションには必須

●配管の工事・メンテナンスがしやすいと長持ちする

●パイプスペースの有無でリフォームの自由度が決まる

スケルトン・インフィル工法については、第2章（59ページ）でご紹介した通り、新しい技術ではありませんが、大変優れた工法です。

一般的なマンションでは、キッチンやトイレなどの配水管を通す「パイプスペース」が、住戸内の水廻り設備付近に点在しています。このため、配管に不具合が生じると、工事業者が住戸内に入り、壁を一部剥がすなどの大規模な工事が発生します。

一方、スケルトン・インフィル工法を採用したマンションでは、**これらの配管が住戸外の共用スペースに集約されています。そのため、工事業者が住戸内に立ち入ることなく、配管の点検や更新を行うことができます**。定期的なメンテナンスがしやすく、建物を長期間にわたり良好な状態に維持することが可能です。

さらに、**住戸内にパイプスペースがないことから、リフォームの自由度が増すのも、スケルトン・インフィル工法の大きなメリットです**。家族構成やライフスタイルの変化に応じたリフォームがしやすくなることで、より長く、より快適に住むことができるのです。

Point

6

周辺の環境変化に影響を受けない

- 窓の外の景観を重視する。長く住むための必須条件
- 「用途地域」「高度地区」を確認して周囲の建物用途・高さを予測する
- 周囲の将来の建て替えの可能性を予測する

将来、周辺環境にどのような変化が起きるかを考えることは重要です。特に注意すべきは、**バルコニーの向こうに見える景色がどのように変わる可能性があるかです**。次の3点を確認しましょう。

1つ目は「用途地域」です。用途地域とは、地域ごとに建てられる建物の用途や規模を定めた規制のことです（54ページ参照）。用途地域を知ることで、将来、周辺にどのような建物が建設される可能性があるか、ある程度予測できます。

2つ目は「高度地区」です。周囲の建物の高さ制限を把握できます。「用途地域」と併せてインターネットで調べられます。

3つ目は、現在の周囲の状況です。たとえば、駐車場や駐輪場、老朽化した住宅や店舗などは、将来的に建て替えが検討される可能性があります。一方、道路や鉄道などの交通インフラ施設、海や河川などの自然の水域、警察署や消防署などの公共機関の敷地は、建物の再開発や転用が進みにくい場所です。

他にも、バルコニーや窓の向こうが自分のマンションの敷地内であれば、大きな景観の変化が起きる可能性は低いでしょう。周辺環境の将来像をしっかり確認し、安心して長く暮らせる住まいを選びましょう。

Point 7

外部環境からの影響をコントロールできる性能のいい窓

- 窓は共有部。後から交換できない
- 断熱性、遮音効果の高い「Low-E《ローイー》ガラス」を選ぶ
- 「Low-E＋複層ガラス」で快適性を高める

マンションの窓は共有部に当たるため、居住者が自由に交換することはできません。窓を交換にするにはマンションの管理組合の承認が必要になり、かなり大がかりな手続きを要します。

したがって、窓の性能については購入前にしっかりと確認することが重要です。

窓には断熱性や遮光性、遮音性などの役割があります。断熱性が低い窓では夏は暑く、冬は寒い上に結露が発生しやすくなります。その結果、冷暖房効率が落ちるだけでなく、カビが発生する原因にもなります。

長く心地よく住むためには、「Low-E《ローイー》ガラス」の窓がお薦めです。このガラスは、表面に特殊な金属加工が施されており、熱や光を室内に通しにくく、断熱性を高めます。Low-EとはLow Emissivityの略で「低放射」を意味します。

さらに、最近は**「複層ガラス」を採用している物件も多くあります**。複層ガラスは、2枚のガラスの間に真空空間を設け、断熱性、遮熱性、遮音性を高めています。

一方、中古マンションでは、「Low-Eガラス」や「複層ガラス」が使われていない物件もあります。この場合、**既存の窓を「Low-Eガラス」に交換できない場合もあります。窓を交換できるかどうか、購入前に確認しておきましょう。**

Point 8

エアコンがどの部屋でも使える

- エアコンの位置、エアコンスリーブを確認
- エアコンダクトの配管は動かせない
- リフォームや家具配置を考慮して、設置可能な部屋を確認

エアコンの位置は購入前に確認すべき重要事項です。

エアコン本体と室外機をつなぐ管には、冷媒ガスを通す「冷媒管」と、水を通す「ドレン管」があります。これらは壁や天井、床下に設置されており、変更できません。また、室外機につながる管を通す穴（スリーブ）の位置も当然ながら移動できないため、基本的に、**エアコンや室外機の位置は変えられないと考えておきましょう**。

新たにエアコンを設置したい場合には、大規模な工事が必要になります。壁や天井に新たに配管を通すか、室内の壁に配管を露出させて設置することもあります。**エアコンを新設したい部屋の場所や、室外機までの距離によっては、設置が不可能なこともあるため注意が必要です**。

さらに、エアコンの位置は家具の配置にも影響を与えます。ベッドやダイニングテーブル、ソファなどは、エアコンの風が直接当たらない位置に置きたいものです。直接風が当たると体が冷えたり乾燥したりするため、体調にも影響する可能性があります。エアコンの位置は家具配置だけでなく、健康面でも注意すべきポイントです。

また、**エアコンの位置はリフォームする際の自由度にも関わります**。どの部屋にエアコンが設置できるか、購入前にしっかりと確認しておきましょう。

Point
9
窓の向こうの眺めがいいリビング

- リビングからの眺めを損なう要因（エアコン室外機、雨樋《あまどい》、避難ハッチ、物干し）を確認
- バルコニーに面する窓の高さは２m以上
- 窓と網戸のサイズが合っている

多くの時間を過ごすリビングからの眺めは、心地よく暮らす上でとても重要です。しかし間取りやバルコニーの広さばかりが注目され、眺めは見過ごされがちです。

ポイント8でお伝えしたように、エアコンの室外機の位置は動かせません。また、**バルコニー内の雨樋《あまどい》や、非常時に使用する避難ハッチの位置も変更できません。これらは共用部分なので隠すこともできません。**リビングからバルコニーを見て、これらが視界に入らない配置になっているかを確認しましょう。また、物干しの位置や高さも確認が必要です。最近は低い位置に設置された物干しが増えていますが、窓からの見え方をチェックしておくとよいでしょう。

眺めの良さを左右する窓の大きさも重要なポイントです。**窓の高さは床から２ｍ以上あると開放感が生まれます。**また、窓と網戸の幅が合っているかも確認が必要です。網戸が窓より広いと、窓を開けた際に網戸が出っ張って見た目が悪くなり、窓より狭いと虫が入ってくる恐れがあります。

こうした細部にまで配慮されているかどうかは、そのマンションが「住み心地」をどれだけ重視しているかを測るバロメーターになります。細かい点にこそ、設計者が住む人のことをどれほど考えているかが表れるのです。

Point 10

電気室は2階以上が望ましい。地下にあるなら万全の水害対策を

- 機械室の位置を確認
- 備蓄用倉庫の準備内容を確認
- ハザードマップで災害リスクを確認

地震大国である日本では、近年増加する豪雨や暴風を含め、災害への備えがますます重要になっています。集合住宅にはLCP（Life Continuity Plan）と呼ばれる生活継続性能が求められます。

災害対策として、特に確認すべきなのは**電気室など機械室の位置です。浸水を避けるため2階以上にあると安心です。**1階や地下に設置されている場合は、浸水対策が十分に取られているか確認しましょう。

災害時に停電が発生すると、水道が止まり、トイレが使えなくなることがあります。高層マンションでは、飲料水や食料をはじめとする備蓄用倉庫が備えられていることが多いですが、**簡易トイレの備えも欠かせません。**災害時の住み心地は、備蓄品や設備の準備状況に大きく左右されます。

また、基本的なことですが、ハザードマップで各種リスクを把握しましょう。洪水、土砂災害、津波など、国土交通省や各自治体が公開する情報を参考にし、マンションの立地や周辺環境のリスクを考慮することが重要です。

販売会社には、契約前に重要事項を説明する責任があります。不安な点は納得がいくまで質問して確認しましょう。

Point

11

中古を買うなら地域に愛されているマンション

- 地域住民にとっても「価値あるマンション」
- 災害時に頼れるコミュニティーの存在
- 地域価値の向上がマンションの資産価値を支える

中古マンションを購入するメリットは、住戸の専有部や共用部だけでなく、周辺環境も事前によく観察できることです。

本当に住む価値のあるマンションには、第2章でお伝えした「つながり」があります。それは居住者同士のつながりだけでなく、地域住民との良好な関係も含まれます。たとえば、地域住民から「このマンションができたおかげで緑が豊かになった」「植栽が楽しみ」「道路が明るく安全になった」といった声が聞かれるような地域住民がメリットを実感できるマンションは、周囲から愛される存在となります。居住者はもちろん、地域住民からも大切にされるマンションは、敷地の手入れや修繕計画がしっかり行われ、結果として長持ちする傾向があります。

災害時に頼りになるのは、近隣の人々です。物的な備えだけでは対応し切れない場面でも、助け合えるコミュニティーが支えとなります。このようなコミュニティーは、日々の生活に安心感をもたらす重要な存在です。

さらに、**地域から愛されるマンションには、地域全体の価値を高める効果もあります**。地域の知名度やブランド力が高まることは、マンションの人気や資産価値を高めることにつながるでしょう。

Point

12 中古を買うなら管理組合と管理会社の関係が良好なマンション

- 過去の修繕計画と今後の計画を確認
- 理事会が多世代、多様なメンバーで構成されている
- 管理組合と管理会社に信頼関係がある

長く住むために、またマンションの資産価値を保つためには、長期修繕計画が非常に重要です。

新築マンションでは完成時からの修繕計画を、中古マンションでは実施記録と今後の計画をチェックしましょう。長期修繕には多額の費用がかかるため、**購入時に「修繕積立金」の金額や、その積立金が適切に管理されているかを確認することが大切です**。また、修繕が必要な箇所や規模、費用が当初の計画から変更になることも珍しくないため、柔軟な対応ができる管理体制が求められます。

一般的に、管理組合が修繕計画を立て、管理会社がその実施を担います。計画をスムーズに実施するためには、両者の信頼関係が良好であることが重要です。

実際に長持ちしているマンションを見ると、管理組合の「理事会」が住民の意見を反映しつつ、管理会社と協力して修繕計画を進めています。**特に理事会のメンバーが多世代、多様な住民で構成されていると議論が活発になり、より良い計画が立てられる傾向があります**。

住民自身が主体的にマンションのより良い将来を考え、修繕計画に積極的に関与することで、マンションの安全性や快適性が維持され、資産価値も保たれるのです。

本当に価値のあるマンションを見極める チェックリスト

専有部

玄関周り

●動線とプライバシー

□季節や天候に左右されず快適な動線を確保しているか

□各住戸前にアルコーブがあり、プライベートゾーンを演出しているか

□門扉付きアルコーブがあるか

□玄関扉を開けた際、扉が共用廊下を歩く人にぶつからないよう、アルコーブに十分な奥行きがあり、扉の開く方向に配慮しているか

●デザインと機能性

□アルコーブ周りに花台やベンチなどを設置する余裕があるか（外廊下の場合）

□玄関の天井照明に人感センサー付きダウンライトを採用しているか

●玄関扉の仕様

□玄関扉の有効幅が80㎝以上あるか
（85～90㎝あるとより安心）

□玄関扉を外部から開けた際、トイレが丸見えにならない位置にあるか

住戸内の廊下

●動線と利便性

□全ての部屋が廊下から直接アクセスできるか（リビング・ダイニングを通らずに入れるか）

□廊下の有効幅が85㎝以上あるか

●デザインと機能性

□廊下の形状が直線か

□廊下の曲がりは2回までか

□廊下が長過ぎないか（短いほうが居室面積を有効に使える）

リビング・ダイニング

●家具配置とレイアウト

□ダイニングテーブルやソファなどの家具を無理なく配置できるか

□部屋内に柱や梁《はり》が大きく出っ張っていないか

□リビング・ダイニングの扉が、開閉時に廊下の動線に干渉しないか

□部屋の形状が長方形か
ダイニングは有効奥行き2・2m以上、リビングは有効奥行き2・8m以上が理想

●天井や構造

□天井がフラットな場合、高さが2・4m以上あるか

□梁型天井の場合、梁下2・2m以上、高天井部2・6m以上あるか

□下がり天井が多くないか（梁やキッチン換気ダクトなど）

住戸とバルコニーの断面図

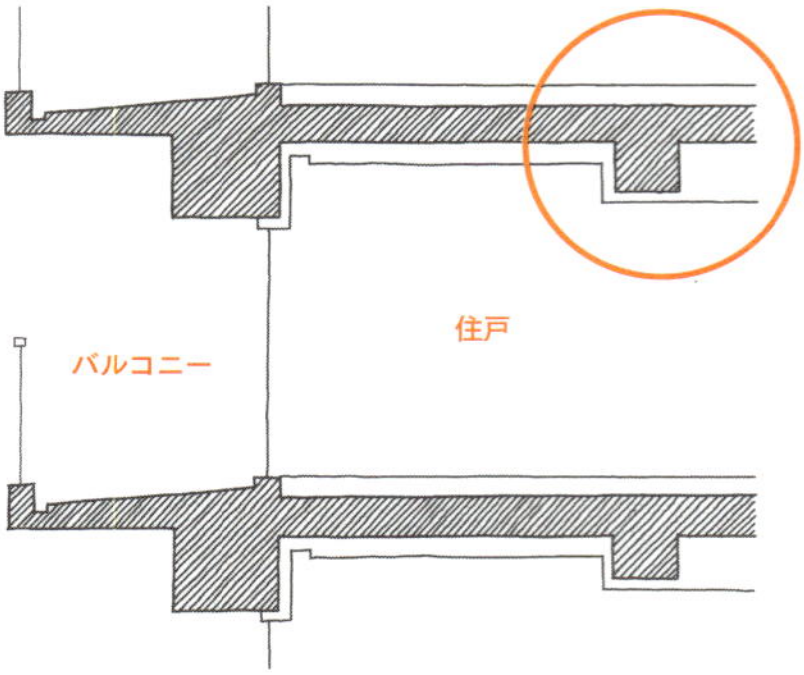

下がり天井：梁やキッチン換気ダクトなどを隠すために、周囲の天井面よりも低い部分がある天井のこと。

●エアコンや配管の確認

□エアコンの位置や室外機までの配管が適切か

□各部屋にエアコンの設置位置を確保しているか

□パイプスペース（PS）が部屋の隅に集約され、改修しやすい設計か
（スケルトン・インフィル工法）

●スイッチ・コンセントと照明

□スイッチやコンセントが家具配置や生活動線に合った位置にあるか

□シーリング照明の位置が家具配置と合っているか

●窓とカーテンの設計

□窓周りにカーテンのたまり（カーテンが収まるスペース）があるか

キッチン

●レイアウトとサイズ

□バックカウンターの幅が1・2m以上、奥行きが50㎝以上あるか

□ファミリー向けキッチンの幅が2・4m以上あるか

□冷蔵庫と食器棚を設置しても、キッチン前の通路幅が80㎝以上あるか

●形態と設計

□キッチンの形態（オープン、クローズ、セミクローズ）とカウンターの有無を確認したか

□パイプスペース（PS）が部屋の隅に集約され、改修しやすい設計か（スケルトン・インフィル工法）

●動線と収納

□洗面所からキッチン、バルコニーへの動線がスムーズか

□キッチンと洗面所の間にパントリー（※）があるか

※パントリー…食材や飲料のストックなどを収納、保管するためのスペース

水廻り

●設計と動線

□洗濯機置き場は最新の洗濯機を設置できるサイズか

□水廻り設備が集約された配置になっているか

□トイレの位置が玄関から丸見えにならないよう配慮しているか

□水廻りが鉄筋コンクリート（RC）の壁で囲まれておらず、改修しやすい設計か

□パイプスペース（PS）が部屋の隅に集約され、改修しやすい設計か
（スケルトン・インフィル工法）

●スペースと収納

□洗面化粧台前に80cm程度のスペースがあるか

□洗面所にカウンターなどの家事スペースがあるか

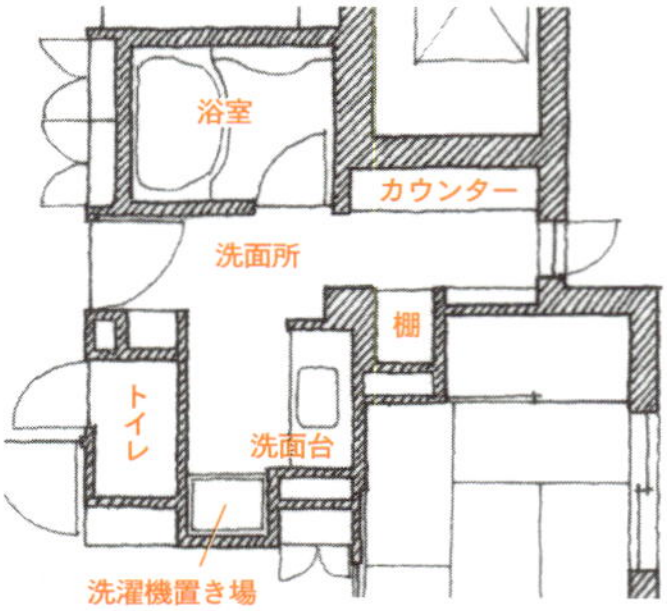

バルコニー・開口部

●窓の設計や外部環境の確認

- □窓の先の外部環境（建物や景観）を確認したか
- □窓が「インテリアとしての窓」「外を眺める窓」「通風・採光のための窓」と目的に合ったデザインか
- □窓と網戸のサイズが合っているか
- □窓の高さが2m以上あるか
- □Low-Eガラスや複層ガラスなど、断熱性や遮音性が高いガラスを使用しているか
- □西日の入り方に配慮しているか

●バルコニーとリビングの関係

□バルコニーの手すりや窓は外部環境に配慮したデザインか（例：すりガラスなど）

□エアコン室外機や避難ハッチ、雨樋《あまどい》、物干しがリビングから視界に入らないか

●バルコニーの構造と使いやすさ

□バルコニーの奥行きが1・5～1・8m以上あるか

□バルコニーにコンセントや照明、水道が設置されているか

□バルコニーが対面に2か所以上あるか

□ルーフバルコニーがあるか

□専用庭があるか（1階住戸の場合）

●豪雨対策

□外廊下やバルコニーの床は、水がたまらないよう十分な勾配をつけているか

バルコニーの断面図

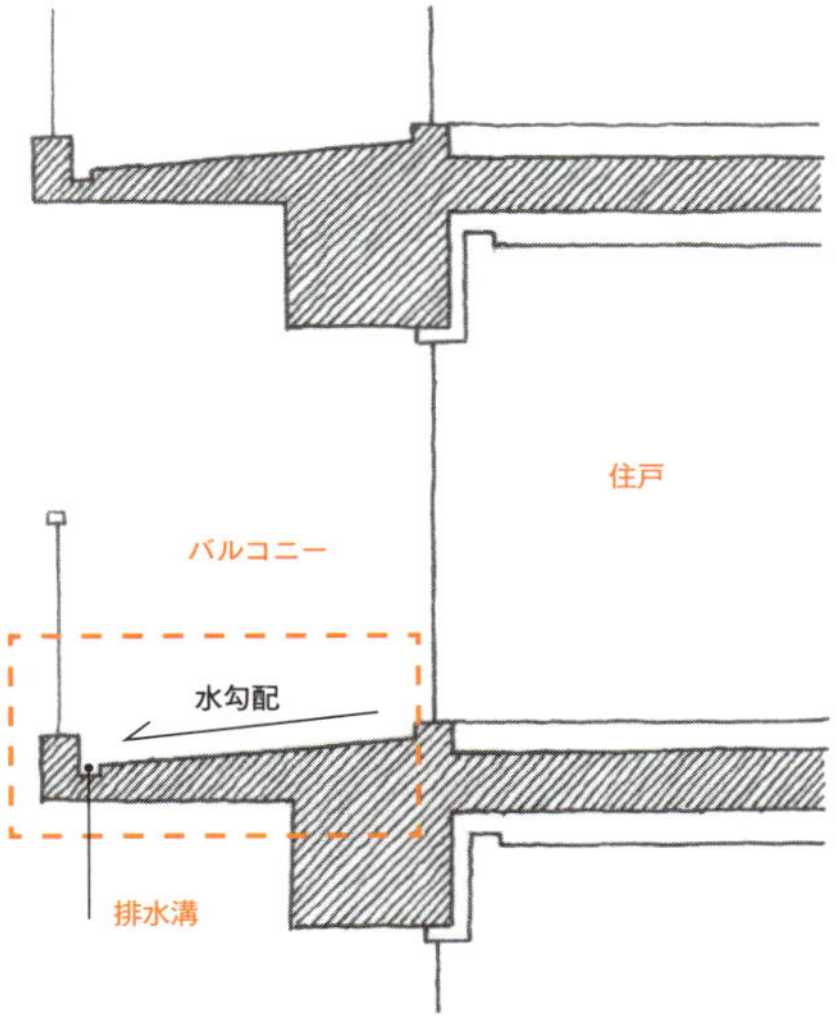

その他

●遮音性

□隣戸間を区切る壁の遮音性を確認したか

□上下階を区切る床の遮音性を確認したか

□窓の遮音性を確認したか

●収納のサイズ

□自分や家族の動線に適した容量の収納があるか

□各部屋にクローゼットまたは収納があるか

□寝室のクローゼットの奥行きが60㎝以上あるか

- □下足入の棚の奥行きが40cm以上あるか
- □廊下収納の奥行きが60cm以上あるか
- □布団の収容スペースがあるか（幅1m以上、奥行き60〜70cm以上）

●快適性の工夫

- □エアコンの風が直接当たらない所に家具を配置できるか
- □洗面所にリネン収納があるか
- □トイレに吊《つ》り戸棚または手洗い下収納があるか
- □ロボット掃除機用の収納があるか
- □ロフトがあるか

共用部

エントランス・ラウンジ

●セキュリティーと安全性

- □明確なセキュリティー計画か
- □風除室があるか

●空間の工夫

- □外部からエントランスが見えないように、工夫を施しているか
（例：カーブ、壁で視線を遮るなど）
- □エントランスが十分な広さか（吹き抜けや中庭があると理想的）
- □エントランスにくつろいで談話するスペースがあるか

共用廊下

●動線とプライバシー

□設備室が居住者の動線に面していないか

□居住者の動線が郵便・宅配などの外部動線と重なっていないか

□共用廊下から専有バルコニーが見えないようになっているか

□エントランスから住戸に至るまで、パブリックとプライベートが緩やかに分離されているか

●明るさと安全性

□共用廊下の照明は明るさが十分で、死角がないか

□内廊下の有効幅が1・6m以上あるか

□階ごとに明確なセキュリティー計画があるか
（例：居住者しか降りられないエレベーターなど）

●快適性とデザイン

□壁の材質が服を傷つけないか（ザラザラした仕上げは注意）

□外階段が鉄骨の場合、足音が住戸まで響かないか

□内廊下が折り上げ天井や間接照明などにより圧迫感のない工夫を施しているか

□メーターボックス（MB）やパイプスペース（PS）の扉が、廊下の雰囲気に合うデザインか

□外廊下の排気口や給湯器、室外機などの設備が廊下の快適性や見た目を損ねていないか

□エアコンが適切に効いているか

□共用廊下に将来手すりを設置できる準備があるか

折り上げ天井：天井の中央部分を周囲よりも高くした天井のこと。

駐輪場

●動線と使いやすさ

□屋外か屋内か

□自転車動線が歩行者動線と分かれているか

□エレベーターを使用する駐輪場の場合、エレベーターが通り抜け式か（前後に扉がある）

□雨天時に駐輪場まで濡れずに行けるか

□駐輪所の入り口が自動ドアの場合、ハンズフリーでセキュリティー解除が可能か（鍵を取り出す必要がないか）

●設備と収容力

□ラック式か平置きか

□ラック式の場合、自転車間の幅が十分か

□1住戸当たりの駐輪可能台数を確認したか

駐車場

●動線と使いやすさ

□駐車場まで雨天時も濡れずに行けるか

□車寄せがあるか

□セキュリティーゲートがあるか

□駐車場の周りに高木がないか（木の実や鳥の糞で車が汚れる場合がある）

□車両軌跡に問題がないか

□管理費を確認したか（機械式駐車場は高額となる場合がある）

●設備と収容力

□機械式駐車場の寸法、重量制限を確認したか

□EV車に対応しているか

メールコーナー

●設計と配置

□メールボックス前の廊下の奥行きが1・2m以上あるか

□メールボックス下段の高さが75cm以上、上段が1・5m以下か

□メールボックスがエントランスから丸見えにならない位置か

●動線と使いやすさ

□宅配業者がセキュリティー外からメールコーナーにアクセス可能か

□住戸からメールコーナーまで遠過ぎないか

□メールボックスの解錠方式が非接触型か

□宅配ボックスのサイズや数が十分か

□各階、各戸に宅配ボックスがあるか

管理人室

□エントランスホールから利用しやすい位置か

□管理人に話しかけやすいよう小窓をつけるなどの配慮があるか

ごみ置き場

●設置場所と動線

□エントランスを通らず、かつ住戸が隣接しない位置にあるか

□雨天時もごみ置き場まで濡れずに行けるか

●使いやすさと対策

□各階にごみ置き場がある場合、臭い対策は十分か

□ディスポーザーを設置しているか

□24時間ごみ出しが可能か

□粗大ごみ置き場があるか

□ごみ排出機など大きな音が出る設備への騒音対策が十分か

その他

●共用施設と管理コスト

□居住者が集会を開ける共用室があるか

□管理費を圧迫するものがないか（複数の共用室やプール、池など）

●災害対策と安全性

- □電気室が2階以上か（地下の場合、浸水対策が十分か）
- □エレベーターが水没しない位置か
- □防災倉庫があるか
- □エレベーターや機械室に面した住戸は防音対策が十分か
- □ハザードマップを確認したか
- □用途地域や高度地区から、将来の外部環境変化の可能性を確認したか

Part 5

「本当に価値のあるマンション」の未来像

住まいに求められるものは、住む人のライフスタイルや家族構成の変化に合わせて、変わっていきます。さらに、価値観の移り変わりや気候変動、世界の情勢などの変化も、住まいの在り方を左右する要素になります。これからの時代、集合住宅で暮らす意味とは？　マンションの可能性を考えてみます。

持続可能であること
～リフォームからトランスフォーメーションへ～

これからのマンションに求められることはまず、持続可能であることです。日本の集合住宅は平均して40年程度で取り壊されていると言われています。地震大国であることを差し引いても、欧米諸国と比べてかなり短命と言えます。SDGsの観点からも、改良が求められています。

本当に住む価値のあるマンションとは、「長持ちする」マンションです。**リフォームをしながら快適に住み続けられることが重要です**。

●もっと大胆に、もっと手軽に！　進化する「可変性」

リフォームはライフスタイルの変化とともに必要になります。たとえば、30代でマンションを購入した夫婦が、子どもの誕生で3人家族、4人家族となり、やがて子どもが独立して夫婦2人の生活に戻るといった流れが考えられます。

こうした変化に対応するには、**間取りを大胆に変えられる仕組み**があると便利です。

これまでは、リビングを2つに分けたり、ウォークインクローゼットなどの収納スペースを個室に改造したりして部屋数を増やすのが一般的でした。今後は、こうしたリフォームを想定し、あらかじめ可変性（トランスフォーメーション）の高い仕組みを取り入れることが求められます。

すでに高い実用性を実証しているスケルトン・インフィル（59ページ参照）は、今後ますます注目され、進化していくことでしょう。この仕組みを導入することで、キッチンや洗面所などの水廻りだけでなく、住戸全体のリフォームの自由度が格段に高まります。

内装も進化しています。たとえば近年、大がかりな工事が必要ない「可動型キッチン」が登場しました。カートのように簡単に動かせる設計で、空間を柔軟に活用できます。日建ハウジングシステムは三井不動産レジデンシャル他と共同で、この新しいスタイルのキッチンを開発しました。

また、空間の使い方を自由にする仕組みとして、日建ハウジングシステムでは可動間仕切りシステム「自在区」も開発しました。従来の敷居や鴨居、固定レールを取り払うことで、**タテ・ヨコ・斜めと自由に部屋を仕切る**ことを可能にしました。たとえば、子どもが小さいうちはリビングの隣に遊び場を作り、成長して個室が必要になったら、そこを仕切って個室に。再び夫婦2人暮らしに戻れば、仕切りを取り払って広いリビングにすることも可能です。このように間取りを自由に変えられる仕組みは、リフォームの自由度を高めるだけでなく、住まいを持続可能にする重要な要素です。

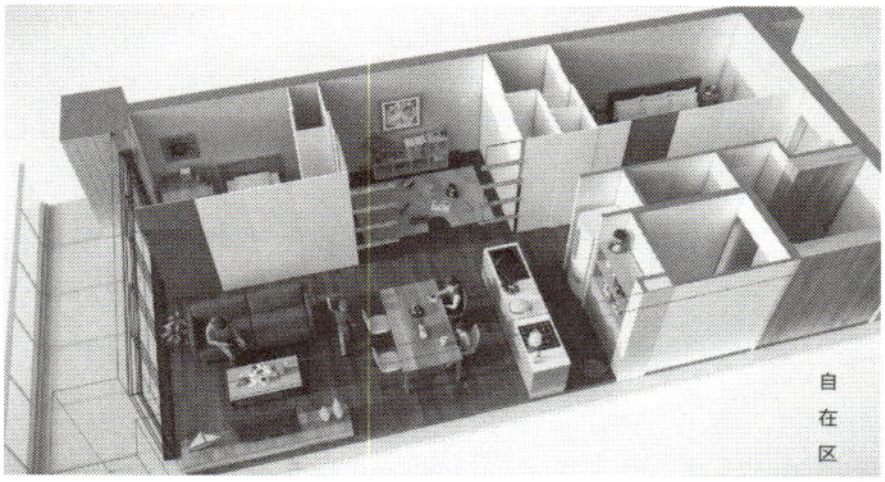

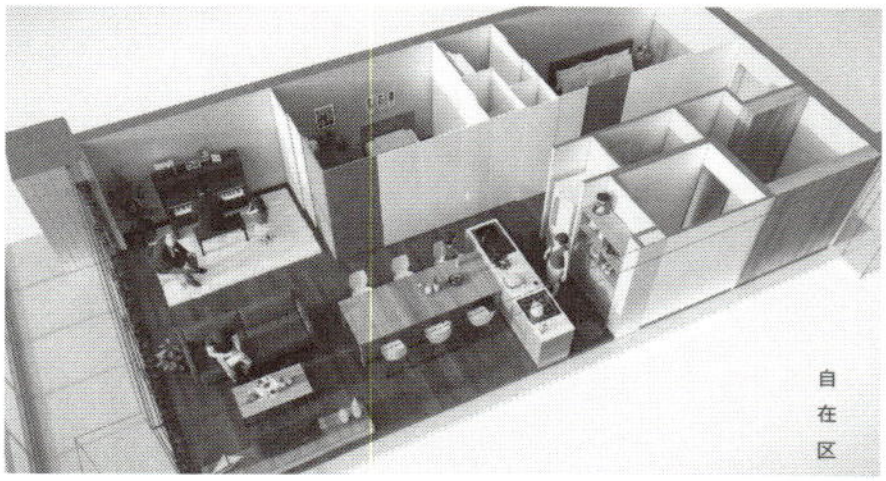

「ZIZAIKU／自在区」なら簡単に間取りを変更できる。古来、日本の住居はフリープラン型だった。大きな和室にびょうぶや板戸を立てたり、すだれを下げたりして空間を仕切りながら使ってきた。その進化した形として考案され、軽い素材で組み立ても簡単なため、女性1人でも付け替えが容易。

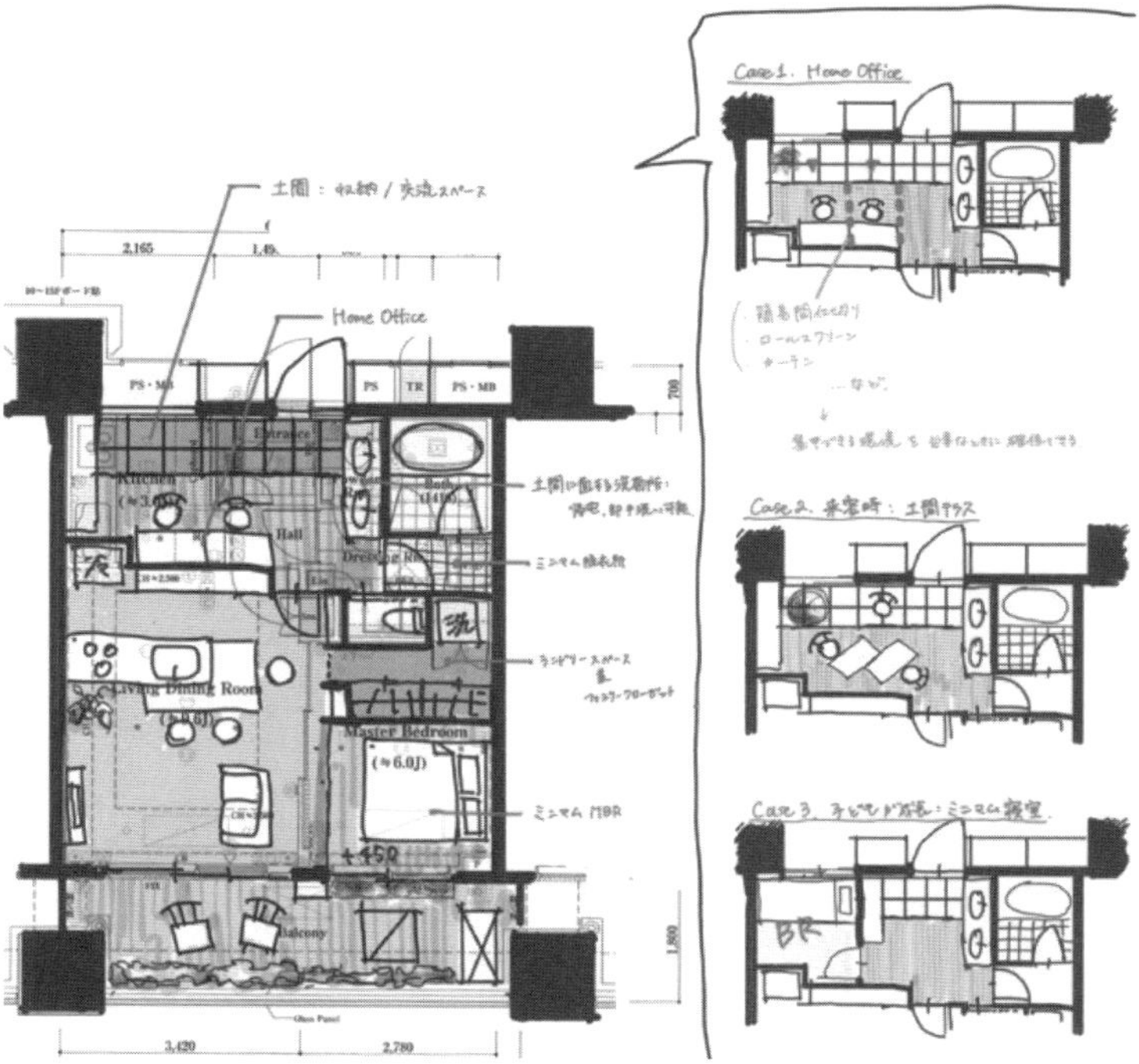

コロナ禍に、日建ハウジングシステムの設計者が考えた自宅のリフォーム図。玄関横のスペースをホームオフィス、来客時には土間テラス、子どもが大きくなったら個室にするなどフレキシブルなリフォーム案だ。

シェアリングとコミュニティーが新しい価値を生む

これからの時代、戸建てではなく、マンションを選ぶ理由は何でしょうか？

今、人々が集まって暮らす意味とは？

これからのマンションに求められるものは、ハードの機能に加え、ソフトの充実だと考えます。つまり、建物自体の性能や設備だけでなく、住む人同士がつながりやすい仕組みや、コミュニティーを育む工夫が重要になるということです。若い世代に広まっているシェアリングの考えを取り入れながら、コミュニティーを育成する新しい方法を模索しています。

第2章の条件3「つながり」でその意義を述べましたが、人口減少が進む日本では、地域のコミュニティーの重要性さはますます高まっています。マンションの建物がいくら立派で頑丈でも、地域のコミュニティーが脆弱では安心して暮らすことは難しいでしょう。これからの時代に求められるのは、**より良いコミュニティーづくりを可能にする仕組み**です。

●マンション内にシェアできるアネックスを

マンションには管理組合の設置が義務付けられています。住戸の持ち主である区分所有者は、組合員になる義務があるのです。

管理組合の活動に顔を出していれば、マンション内の付き合いは自然と広がっていくでしょう。しかし、積極的に関わらなければ、隣人の顔すら知らないというケースも少なくありません。

平時はそれでも問題ないかもしれません。しかし、ひとたび地震や大雨、それによる浸水、停電などの非常時には、隣近所に知り合いがいないことはリスクになります。

エントランスから誰とも顔を合わせず住戸に行ける動線やプライバシー性を重視した設計は、裏返せば、災害時の助け合いを難しくしている面もあるのです。

若い世代には、モノをシェアし、身近なコミュニティーを活用する価値観が広く行き渡っているように感じます。シェアハウスの人気もその象徴です。このような価値観を取り入れ、**マンションならではの「つながり」**を創出する方法はないでしょうか。

たとえば、住戸ごとに、アネックス（離れ部屋）のような小さなスペースを設置するプランが考えられます。このスペースは家族構成やライフスタイルに合わせて、子ども部屋や仕事部屋として利用できます。必要なければ他の居住者に貸し出すシェアリングスペースとすることも可能です。また、両隣の住戸と協力して、このスペースをつなげて共用の場として使うといった活用も考えられます。

マンション特有のプライバシー性を保ちながらも、昔ながらの三軒長屋のように、適度に軒先を共有する感覚で、新しいつながりを生み出します。このようなシェアリングの価値観を取り入れる仕組みは、マンションにとって新しい価値を生む一つの形となるでしょう。

新しい集合住宅のプロトタイプ

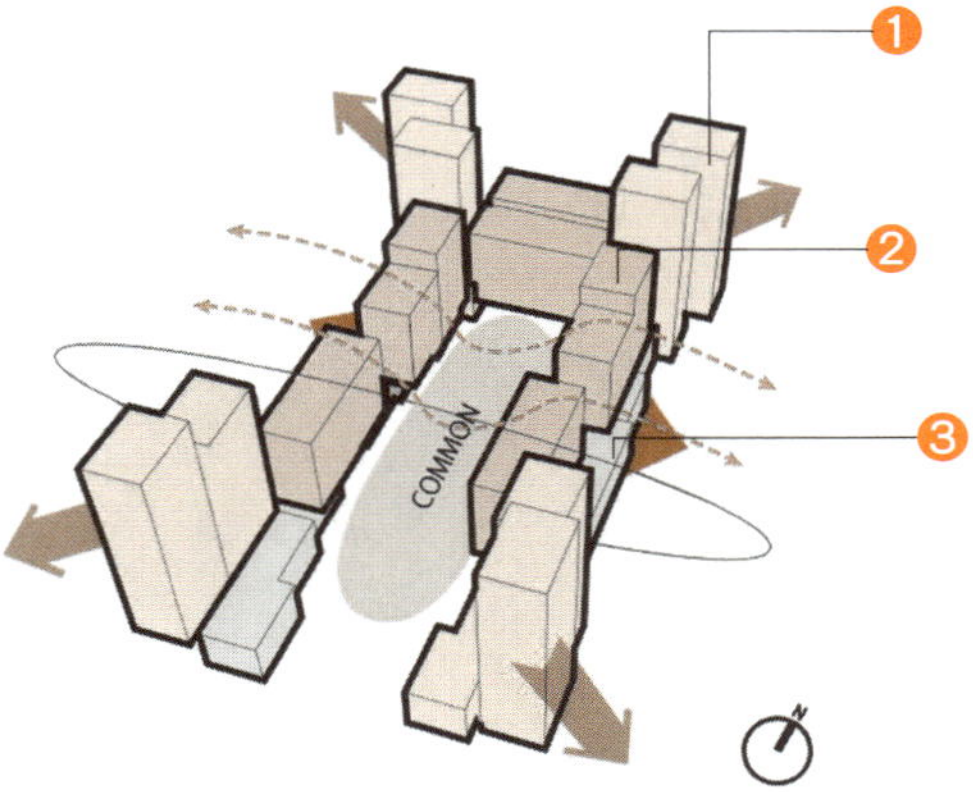

中央部の共用スペース環境を保ちながら、
①〜③の3つの群で構成する。

③ アネックスユニット群

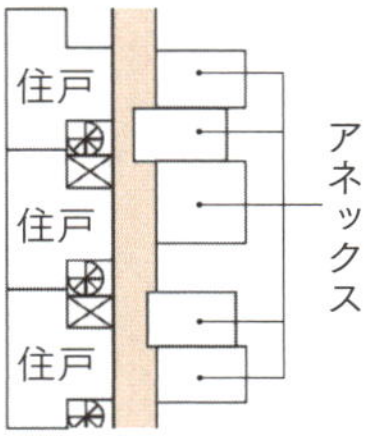

住戸は外部直結でアネックス（離れ）を備える。共用スペースで多くの世帯が交流。

② コミュニティコリドー群

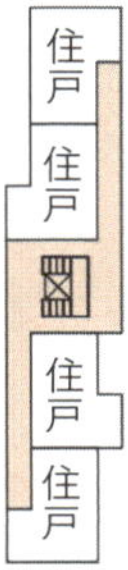

近隣住民同士が互いに見守りやすく、コミュニティーを育てやすい。

① プライベートアクセス群

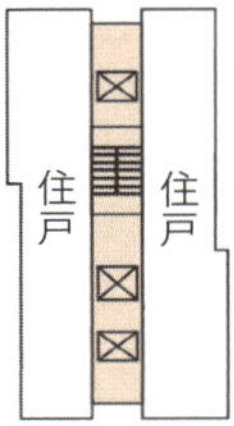

敷地の四つ角に位置し、プライバシー性が高い。角住戸で通風と採光に優れる。

●空き室の有効利用のポテンシャルを考える

日本のマンション・ストック数は、2021年時点で約686万戸に達しています。今後の人口減少を考えると、空き室が増えるのは確実です。空き室状態が長く続くことで、マンションのセキュリティーの質が低下し、ひいては資産価値の低下につながる可能性があります。

この課題の解決策の一つに、**空き室のシェアリング**を検討してもいいでしょう。たとえば、空き室をマンション管理組合で買い取り、住民のワーキングスペースやキッズルームとして活用することが考えられます。空き室の活用とコミュニティーの育成を並行して進めることで、マンションの新しい価値を生み出せるでしょう

コロナ禍を機にリモートワークが定着したものの、自宅に仕事スペースを確保するのが難しいという声もよく聞かれます。また、自宅にスペースはあっても、仕事モードになれないといった理由で、近所のカフェやコ・ワーキングスペースに出かけて行く人も多いようです。

住まいはもはや「住むだけ」の場ではなくなっています。

将来的には、**カフェやコ・ワーキングスペースといった民間事業者をテナントとして受け入れる選択肢**も考えられるでしょう。ただし、現在の法律では純粋なマンションにこれらの用途を加えることは許可されていません。今後、法的な見直しが必要な時期が来るかもしれません。

そうした仕組みが整えば、地域住民との交流も活性化し、セキュリティーとプライバシーを保ちながらコミュニティーを育てることができます。同時に、経済性も担保でき、バランスの取れたマンションづくりが実現できるのです。

●マンションにもABWの発想を取り入れる

コロナ禍を機に、オフィスの在り方に大きな変化が起きました。これまでのように決まった席で働くスタイルからフリーアドレスが広がり、さらにその日の仕事内容に合わせて働く場所を選ぶABW（Activity Based Working）が注目されています。

この柔軟な考え方は、住まいにも活用できるのではないでしょうか。たとえば、リモートワークを行える共用スペース、子どもと遊べる場所、バーベキューができる屋外スペース、近所の人と交流できる場所など、さまざまな用途に応じた空間を提供することが考えられます。
子育て世代が利用しやすいスペースと、そうでない世帯が快適に過ごせるスペースを分けるなど、多様なライフスタイルやライフステージに配慮することで、コミュニティーはより自由に発生し、広がり、豊かなつながりが生まれるでしょう。

●近所付き合いがマンションの良さになる

戸建てと比べるとマンションの良さは、物理的なスペースだけでなく、**人が集まることによって生まれるコミュニティー**にあります。エントランスや中庭、公開空地《くうち》などの共有スペースが、人々をつなぐ場として機能し、それによって豊かさや楽しさを得られます。

これまで述べてきたように、集合住宅は多世代の人が共存することで住みやすくなります。小さな声がけがきっかけで、ちょっとした助け合いが生まれ、それが安心感や信頼につながります。

たとえば、小さな子どものいる家庭では、近所のシニア世代に短時間だけ子どもを見てもらうことで、買い物などの外出がしやすくなります。逆に、シニア世代が部屋の天井の電球交換のような作業を、近所の若い住民に頼むといった交流も考えられるでしょう。

こうした近所付き合いができるマンションの良さは、今後さらに注目されていくでしょう。

完成から半世紀近くが経過した「大倉山ハイム」では、古くから住むシニア世代とその子ども世代が共存し、多様で多世代のコミュニティーが育まれています。住民たちのあいさつする声がよく聞こえ、駅からの距離や面積だけでは測れない価値を感じさせてくれるのです。

マンションは単なる住むための箱ではなく、そこで育まれる人々のつながりが「本当に価値のあるマンション」の未来を形づくります。持続可能な設計、柔軟な空間利用、そして新しいコミュニティーの在り方を模索することで、マンションはこれからも人々の生活を豊かにする存在であり続けるでしょう。

これからもマンションが、住む人々と地域社会にとって欠かせない価値を提供することを願ってやみません。

おわりに

私たち日建ハウジングシステムの創業は1970年、大阪万博が開かれた年でした。高度成長期で、日本中が豊かさを貪欲に求めていた時代です。あれから半世紀がたち、その実績と知見から「本当に価値のあるマンション」を一冊にまとめられたことをうれしく思います。

マンションに求められるものは時代によって変化します。しかし私たちはマンションの本質は変わらないと考えています。安心して住めること、心地よく住めること、長く住めること、住民同士が自然に近所付き合いできること。これらがマンションの不易流行であり、人々が求める普遍的な価値だと思います。

これから人口が減少していく日本社会において、マンションの在り方が問われています。私たち建築設計者には、なるべく長持ちする良質なマンションを造ることが求められています。40年程度でスクラップされるようなマンションは、もう不要です。

マンションという集合住宅が、社会に果たす役割は何でしょうか。あらためて集まって住むことの意味を考えてみると、特に重要になってくるのが住民同士のコミュニティーや地域コミュニティーとの共生だと思います。

マンションを長持ちさせるためには、建物の質だけではなく住民自身のコミットメントが必要になります。管理組合の理事会に任せっ切りにせず、今このマンションに必要なものは何か、必要なメンテナンスは何か、共通認識を持って管理に取り組むことが必要になってくるでしょう。理事会だけでなく、住民同士のコミットメントが、コミュニティーの質を長持ちさせる鍵になります。

本当に良いマンションは敷地内だけでなく、地域との共生がうまくいっています。地域住民からも愛され、親しまれているのです。本書でもご紹介した中央林間のマンションは、雑木林を整備して建てられました。緑豊かな環境は地域住民からも親しまれ、街の知名度が高まり、地域全体の人気が上がっていきました。
地域の評価に連れてマンションの資産価値も上がります。マンションに空き室が出ても、短期間で次の入居者が決まります。空き室率が低ければ、管理費や修繕費の積み立ても支障がなく、予定通りメンテナンスができ、マンションの価値も保たれるという好循環を生み出すのです。

地域との共存共栄が、これからマンションが目指す一つの道です。外構のライティング一つとっても、敷地内だけでなく周辺の防犯性も高められるように配置する。道路の隅や死角を照らすようなスポットライトを配置する。そうした工夫でマンションは地域の安全性の向上に貢献できるのです。
さらに長期的な視点に立てば、町の活性化にコミットしていくことができるのではないでしょうか。人が集まって住む。マンションの役割は今以上に大きく広くなっていくのかもしれません。

マンションは住民や地域とともに育てられ、また貢献もできるものだと思いを新たにしました。その役割を果たせるよう、私たちはこれからもマンションの価値を追求していきたいと思います。本書が、あなたの人生を豊かにするマンションと出会うきっかけとなることを願っています。

2025年
日建ハウジングシステム設計部

	建物名称	所在地
	ジオ住吉本町	兵庫県
	ブランズ　ザ・ハウス一番町	東京都
	エミオ石神井公園	東京都
	クラッシィハウス芝浦	東京都
	ゼスタタワー名古屋代官町	愛知県
	ライオンズ伏見桃山指月城	京都府
	チャームスイート調布	東京都
	シャリエ長泉グランマークスEAST棟	静岡県
	プラウドシティ宮崎台ウエストコート、イーストコート	神奈川県
	ローレルアイ目黒大橋	東京都
	ジオ南青山	東京都
	ザ・パークハウス新宿御苑	東京都
	パークホームズ山王二丁目 ザ レジデンス	東京都
	ジオグランデ元麻布	東京都
2018	パークコート赤坂檜町ザ・タワー	東京都
	ザ・パークハウス宝塚	兵庫県
	シャリエ長泉グランマークス（WEST棟）	静岡県
	ジオ四谷荒木町	東京都
	大崎ガーデンレジデンス	東京都
	クオン新浦安	千葉県
	プラウド夙川コートテラス	兵庫県
	ブリリアタワー代々木公園クラッシィ	東京都
	パークコート一番町	東京都
2019	プレミスト天神赤坂タワー	福岡県
	プラネスーペリア四番町	東京都
	アトラス品川中延	東京都
	アトラス本郷三丁目	東京都
	秋葉原駅前ビル	東京都
	クレストプライムレジデンス　アベニュー弐番街	神奈川県
	クレストプライムレジデンス　アベニュー参番街	神奈川県
	ブリリアタワー上野池之端	東京都
	シティタワー大井町	東京都
	ジオ神戸中山手通	兵庫県
2020	ブランズタワー梅田North	大阪府
	クオン流山おおたかの森	千葉県
	プラウド恵比寿ヒルサイドガーデン	東京都
	プラウドタワー名古屋久屋大通公園	愛知県
	THE COURT 神宮外苑	東京都
	宮益坂ビルディング	東京都
2021	ブランズ桃山台	大阪府
	クレストプライムレジデンス　プロムナード七番街	神奈川県
2022	リビオ東中野ヒルトップ	東京都
	プラウドタワー東池袋ステーションアリーナ	東京都
	ラティエラ武蔵小杉	神奈川県
2023	ウエリスタワー谷町四丁目	大阪府
	HARUMI FLAG PARK VILLAGE	東京都
	ECOPARK CT21&22コンドミニアム	ベトナム ハノイ
2024	HARUMI FLAG PORT VILLAGE	東京都
	クレストプライムレジデンス　パーク五番街	神奈川県
	レガシス中目黒	東京都
	一条レジデンス西伊場	静岡県
	Brillia Tower 堂島	大阪府
	クラッシィタワー新宿御苑	東京都

	建物名称	所在地
	ライオンズ鎌倉由比ヶ浜レジデンス	神奈川県
	プラウド九段南	東京都
	グランスイート高田馬場ザ・レジンデンス	東京都
	アールブラン二子多摩川レジデンス	神奈川県
	ライオンズ本八幡レジデンス	千葉県
	吉祥寺御殿山HOUSE	東京都
	シャリエ神宮外苑	東京都
	ウェリスタワー千代田岩本町	東京都
	プラウドシティ元住吉	神奈川県
	イーストゲートスクエア	東京都
	インプレスト大倉山	神奈川県
	パークタワー渋谷本町	東京都
	ジェイグラン阿倍野文の里	大阪府
	サンウッド赤坂氷川	東京都
2014	ライオンズ京町	神奈川県
	夙川苦楽園口レジデンス	兵庫県
	アトラス中野中央	東京都
	ロイヤルパークス大名	福岡県
	ライオンズ西新井グランフォート	東京都
	ライオンズ立川グランフォート	東京都
	パークホームズ錦糸町猿江恩賜公園	東京都
	パークホームズ中野中央フォーシーズンズコート	東京都
	パークホームズ吉祥寺御殿山	東京都
	ゼスタ鶴舞	愛知県
	ウェリスタワー愛宕虎ノ門	東京都
	プラウド千里山田フロント	大阪府
	グランスイート広尾	東京都
	クラッシィハウス谷中道灌山WEST・EAST	東京都
	ワザック函館・五稜郭　ナゴミコート	北海道
	グランドメゾン東灘森北町	兵庫県
	チャームスイート石神井公園	東京都
	プラウドタワー高輪台	東京都
	プラウド藤が丘センターマークス	愛知県
	グランドメゾン堂ヶ芝ハウス	大阪府
	ライオンズ北浦和マークレジンデンス	埼玉県
	アトラス千代田末広町	東京都
2015	六甲アイランドCITY　W7Residence(AB工区)	兵庫県
	サンウッド代官山猿楽町	東京都
	メルクマール京王笹塚レジデンス	東京都
	クレヴィアタワー神戸ハーバーランド	兵庫県
	プラウド伊丹郷町マークス	兵庫県
	WAZAC函館五稜郭　タクミコート	北海道
	クラッシィハウス上北沢	東京都
	クラッシィハウス神田美土代町	東京都
	パークホームズ駒沢ザ・レジデンス	東京都
	グランドメゾン夕陽丘タワー	大阪府
	パークコート広尾ヒルトップレジデンス	東京都
	ネクサス薬院	福岡県
	パークコート芦屋	兵庫県
	桜上水ガーデンズ	東京都
	ザ・パークハウス 東十条フレシア	東京都
	クレストプライムレジデンス　アベニュー壱番館	神奈川県
	プラウド自由が丘	東京都
	ブランズシティ品川勝島	東京都
2016	ライオンズ立川錦町レジデンス	東京都
	グランドメゾン天王寺真田山	大阪府
	ブリリア山手動坂グランスイート	東京都
	フォレセーヌ赤坂檜坂	東京都
	レジデンスコート練馬	東京都
	サンウッド東中野	東京都
	チャームスイート京王聖蹟桜ヶ丘	東京都
	ジオ御苑内藤町	東京都
	東京ガーデンテラス紀尾井町　紀尾井町レジデンス	東京都
	六本木グランドタワーレジデンス	東京都
	ラ・フォンテ麻布十番	東京都
2017	六甲アイランドCITY　W7Residence10番館	兵庫県

年	建物名称	所在地
2011	積水ハウス・プライムメゾン御殿山EAST	東京都
	積水ハウス・プライムメゾン御殿山WEST	東京都
	パークホームズ等々力レジデンススクエア	東京都
	ザ・ライオンズ武蔵国分寺公園	東京都
	プラウド吹田千里丘サウスヒル	大阪府
	プラウド西宮浜松原町	兵庫県
	ウェリスライオンズ　ザ・セントラル	愛知県
	プラウドタワー覚王山	愛知県
	ライオンズたまプラーザ美しが丘テラス	神奈川県
	プラウド名東亀の井ガーデン	愛知県
	プラウド伊丹郷町レジデンス	兵庫県
	シャリエ川崎大師	神奈川県
	クラッシィハウス目黒洗足	東京都
	TSレジデンス	神奈川県
	クラッシィハウス辻堂湘南C-X	神奈川県
	クレストグランディオ武蔵野	東京都
	シャリエ茨木	大阪府
	サンウッド中目黒フラッツ	東京都
	プレジデントステージ辻堂湘南C-X	神奈川県
	ACOLT代々木公園	東京都
	横濱紅葉坂レジデンス	神奈川県
	プレミスト東山ヒルズ	愛知県
	ライオンズ六甲道 記田町	兵庫県
	ジオ文京大塚仲町	東京都
	プラウド夙川名次町	兵庫県
	プラウド松濤1丁目	東京都
	ライオンズ苦楽園グランフォート	兵庫県
2012	プレミスト千早タワーツインマークス	福岡県
	シティハウス大濠公園南	福岡県
	シティハウス文京千石駅前	東京都
	パークホームズ江古田	東京都
	ライオンズ湘南江ノ島シーサイド	神奈川県
	クレストシティアクアグランデ	神奈川県
	浅草タワー	東京都
	ザ・ライオンズ横濱山下町	神奈川県
	プレミスト千里佐竹台	大阪府
	パークホームズ綾瀬ステーションプレミア	東京都
	プラウド金山センターマークス	愛知県
	ジオ伊丹ザ・レジデンス	兵庫県
	プラウド八事表山ヒルトップ	愛知県
	ブランズ大今里南	大阪府
	プラウド恵比寿	東京都
	レジデンスコート馬事公苑	東京都
	パークホームズ両国コンフォートプレミア	東京都
	グランドメゾン靭公園	大阪府
	プラウド大井ゼームス坂	東京都
	プラウド上原	東京都
	シティハウス市谷薬王寺	東京都
	ジェイグラン千里丘	大阪府
	プラウドタワー住吉	兵庫県
	リヴェール赤坂	東京都
	ジオ市ヶ谷払方町 彩の館・凛の館	東京都
	アトラス荻窪	東京都
	ブリリア品川大井町	東京都
	パークリュクス神楽坂	東京都
	シティハウス千里中央	大阪府
	アトラス天満橋	大阪府
2013	グランドメゾン白金	東京都
	シャリエ聖護院西町	京都府
	プレミスト奈良三条通り	奈良県
	天満橋レジデンス	大阪府
	ブランズ弦巻四丁目	東京都
	プラウド昭和上山町	愛知県
	ライオンズ一条レジデンス湘南C-X	神奈川県
	サンウッド西麻布	東京都
	ジェイグラン岡本	兵庫県
	プラウド北千里	大阪府
	クラッシィスイート・ジオ東麻布	東京都
	パークホームズ武蔵小金井ステーションレジデンス　ウエスト・イースト	東京都
	クラッシィハウス千代田富士見	東京都
	ライオンズ外苑の杜	東京都

	建物名称	所在地
	ナイス・エスアリーナ南林間	神奈川県
	クロスウィル多摩センター	東京都
	東京ニットファッション健保会館	東京都
	グランドメゾン星が丘山手(II期)	愛知県
2008	フォレセーヌ池田山公園	東京都
	THE TOKYO TOWERS	東京都
	Wajima十番丁	和歌山県
	ベルファース大阪新町	大阪府
	プラウド山芦屋	兵庫県
	D'グラフォートザ・タワー郡山	福島県
	プラウド藤沢ウエスト	神奈川県
	ライオンズ久米川 美彩の杜	東京都
	グランレグナス	東京都
	テラス苦楽園	兵庫県
	ステイツグラン奈良	奈良県
	ブリスベージュ神宮前	東京都
	ザ・ライオンズ上野の森	東京都
	桜堤庭園フェイシア	東京都
	ロイヤルパークスタワー南千住	東京都
	アクアテラ	東京都
	プラウド芦屋フロント	兵庫県
	シェルゼ砧	東京都
	赤坂タワーレジデンスTop of the Hill	東京都
	プラウド武庫之荘	兵庫県
	神奈川ハウス	神奈川県
	プライムメゾン高見町	愛知県
	プラウド八事表山	愛知県
	I-linkタウンいちかわ ザ タワーズ イースト	千葉県
	ステイツグラン吹田垂水町	大阪府
	The CLASS等々力レジデンス	東京都
	The CLASS等々力ヒルズ	東京都
	THE OMIYA TOWERS	埼玉県
2009	ヴィークハウス広尾	東京都
	タワーコート北品川	東京都
	プラウド横濱ヒルトップ	神奈川県
	ディアクオーレ成城	東京都
	I-linkタウンいちかわ ザ タワーズ ウエスト	千葉県
	プリズムタワー	東京都
	京阪東ローズタウン・ファインガーデンスクエア	京都府
	ライオンズマンション大和高田セントハウス	奈良県
	ディーグランセ上町台ハイレジデンス	大阪府
	プラウド六甲赤松町	兵庫県
	ライオンズ南大沢エスト	東京都
	BELISTA御殿山	東京都
	ベルファース尼崎	兵庫県
	シティハウス川端町	新潟県
	ジオグランデ茨木東中条さくら通り	大阪府
	ワコーレ須磨月見山アルジェ	兵庫県
	シティタワーズ豊洲 ザ・ツイン	東京都
	グランスイート高田馬場	東京都
	グランドメゾン白金台	東京都
	ヴィークコート世田谷代田	東京都
	D'Grafortレイクタウン	埼玉県
	ライオンズ浦和グレイシアヒル(大谷場)	埼玉県
	フォルム市谷加賀町	東京都
	グランドヒルズ八事広路町	愛知県
	ヴィークコート宮前平	神奈川県
	ソフィエスタワー船橋	千葉県
2010	グランドヒルズ八事天道	愛知県
	シティタワー有明	東京都
	プラウド藤沢イースト	神奈川県
	ザ・ライオンズたまプラーザ美しが丘	神奈川県
	シティテラス名古屋代官町	愛知県
	ヴィークコート南柏駅前	千葉県
	THE KASHIWA TOWER	千葉県
	ステイツグラン夙川	兵庫県
	ラ・トゥール代官山	東京都
	クレッセント矢向センティア	神奈川県
	プラウド本郷弓町	東京都
	ダイアパレス上石神井レジデンス	東京都
	ライオンズ新神戸山の手レジデンス	兵庫県

	建物名称	所在地
	グランドメゾン日和町	愛知県
	グレーシアシティ横濱いずみ中央ステーションアリーナ	神奈川県
	港北・幸福のニュータウン　タンタタウン	神奈川県
	リーザス大阪	大阪府
	D'グラフォート盛岡駅前TOWERS	岩手県
	レクセルガーデン蕨	埼玉県
	D'グランセ鷹匠	静岡県
	日東住宅3号館(第3期)	大阪府
	名古屋緑彩都市 メリア	愛知県
	ロイヤルアーク高槻ザファースト	大阪府
	サンウッド三田パークサイドタワー	東京都
	ライオンズスクエア塚口アバンティア	兵庫県
2006	ライオンズガーデン千種アーススクエア	愛知県
	フロントレジデンス西宮北口	兵庫県
	グランドオペラつつじヶ丘	東京都
	グランスイート覚王山法王町	愛知県
	クレストフォルム武蔵野ガーデンコート	東京都
	目白ガーデンヒルズ	東京都
	ダイアパレス戸田駅南	埼玉県
	グランフォート岡本	兵庫県
	ブライトピア大和	神奈川県
	プラウドシティ東林間	神奈川県
	ステイツグラン茨木	大阪府
	フォレセーヌ目黒平町	東京都
	レクセルプラザ志津	千葉県
	レクセルグランデ石神井公園	東京都
	グランフォート青淵閣	東京都
	プラウド池田天神	大阪府
	サンマンションアトレ桑名ステーションタワー	三重県
	クレストシティタワーズ浦安	千葉県
	グランドメゾン宝塚武庫山	兵庫県
	ダイアパレス蔵前	東京都
	ライオンズプラザ武蔵関リュイール	東京都
	テラス恵比寿の丘	東京都

	建物名称	所在地
	西国分寺ライフタワー	東京都
	ライオンズタワー神戸旧居留地	兵庫県
	ディアナコート上原	東京都
	住吉本町レジデンス	兵庫県
2007	東京ミッドタウンB棟、東京ミッドタウンC棟、東京ミッドタウンD棟	東京都
	グウマグノリア南堀江	大阪府
	パークスクエア藤ヶ丘	愛知県
	シャリエ大府	愛知県
	プラウド文京千石	東京都
	エルザグレース堀江タワー	大阪府
	グランドヒルズ覚王山法王町	愛知県
	エルプレシア	千葉県
	クラウンガーデン武蔵野	東京都
	レクセルグランデ鎌ヶ谷　ブライトコート・エアリーコート	千葉県
	クリオふじみ野	埼玉県
	ライオンズ蘇我フォレストマーク	千葉県
	セラフィータ世田谷	東京都
	アンビシャス河辺	東京都
	D'グラフォート札幌ステーションタワー	北海道
	シティタワー九段下	東京都
	エルディア	東京都
	グランスイート虎ノ門	東京都
	ディアステージ長居公園グラムール	大阪府
	ザ・ライオンズ池田	大阪府
	プラウド江坂	大阪府
	サンフル東陽町プロセンチュリー	東京都
	ジオグランデ芦屋翠ヶ丘	兵庫県
	グランドメゾン星が丘山手(Ⅰ期)	愛知県
	シティタワー札幌大通	北海道
	レクセルマンション宇都宮	栃木県
	クラッシィハウス下馬	東京都
	ナイスアーバン西日暮里	東京都
	アンビシャス幕張台公園	千葉県
	ディークラディア瀬田駅前	滋賀県
	キャピタルマークタワー	東京都
	シティテラスさいたま新都心	埼玉県

	建物名称	所在地
	ベイステージ横浜432	神奈川県
	アクアパークCITY岸和田南4番館	大阪府
	TK南青山ビル	東京都
	ヴェラシスオーシャンコミュニティ	神奈川県
	ライオンズマンション武蔵小金井フォレストガーデン	東京都
	レクセルプラザ日進	埼玉県
	クレッセント磯子	神奈川県
	クリオ鴨居	神奈川県
	サンウッド市川真間グリーンヒルズ	千葉県
	グランブリエ横濱山下公園	神奈川県
	ローレルスクエア千葉ニュータウン中央(第2工区)	千葉県
	針木ガーデンヒルズ	高知県
	麻布永坂ヒルトップ	東京都
	ライオンズガーデン稲毛海岸	千葉県
	サンフル芝浦キャナルオーパス	東京都
	ライオンズシティ武蔵関	東京都
	レクセルマンション四ツ木	東京都
	ライオンズガーデン亀戸イーストアクエア	東京都
	ラ・トゥール千代田	東京都
2004	ラ・トゥール半蔵門	東京都
	ライオンズタワー葵	愛知県
	セレッソコート南千里佐竹台グランドヒルズ	大阪府
	ガーデンハウス茨木新中条	大阪府
	ファミール東山公園	愛知県
	プラウド東山	愛知県
	サンマンションドゥーシェ山脇	愛知県
	ガーデンハウス仁川山の手	兵庫県
	ステイツグラン甲子園口松並町	兵庫県
	藤和八事緑ヶ岡ホームズアクアフォレスト	愛知県
	ヴィークコート新百合ヶ丘	神奈川県
	ライオンズマンションセントワーフ横濱	神奈川県
	D'クラディア鶴見アクロスフォート	大阪府
	サンリヤン平野西	大阪府
	びゅうパルク柏中央	千葉県
	サンシティ町田参番館	東京都
	コルティーレ山手町	神奈川県
	D'グラフォート世田谷芦花公園	東京都
	ライオンズステージ仙台堀川公園	東京都
	クリオ住吉壱番館	東京都
	オアシスフォート	愛知県
	ザ・ドチェスター南青山	東京都
	ザ・タワー・グランディア	東京都
	レジデンスコート住吉本町	兵庫県
	パインフィールド西院	京都府
	ライオンズスクエア立川レジデンス	東京都
	ライオンズスクエア鶴見緑地	大阪府
	久屋アインス	愛知県
	シティハウス茨木中条町	大阪府
	ライオンズヒルズ上池台	東京都
	アリーナガーデン	埼玉県
2005	ライオンズシティ東陽町親水公園	東京都
	レクセルガーデン高根台弐番館	千葉県
	ライオンズガーデン府中アクロスフォート	東京都
	ディアステージ長居公園ラシーズ	大阪府
	グランフォート用賀	東京都
	京阪東ローズタウン・ファインパーク	京都府
	ルネッサンスタワー上野池之端	東京都
	ヴィークコート梶ヶ谷	神奈川県
	ライオンズガーデンシティ戸塚	神奈川県
	ライオンズステーションプラザ根岸ベイアーク	神奈川県
	ライオンズマンション横濱元町キャナリシア	神奈川県
	レクセルガーデン高根台壱番館	千葉県
	ガーデン青葉台	神奈川県
	ステイツグラン芦屋	兵庫県
	ローレルコート木場公園	東京都
	ライオンズプラザ港北ニュータウン	神奈川県
	グランスイート白金マークス	東京都
	グランドメゾン大手前タワー	大阪府
	サンリヤン苦楽園	兵庫県
	ライオンズマンション守口	大阪府

建物名称	所在地
ライオンズスクエア用賀	東京都
エムステージ・ウエスティア	東京都
ライオンズステージ横濱キャナルスクエア	神奈川県
アデニウム上野毛ヒルズ	東京都
プロスペクト清澄庭園	東京都
レクセルヒルズ新八柱アベニュー	千葉県
レクセル五香ツインフォルテ	千葉県
ファミールグラン銀座4丁目	東京都
つつじヶ丘ガーデンハウスヒルサイドレジデンス	東京都
レクセルガーデン鎌ヶ谷ビューステージ	千葉県
レジデンシャルコート稲毛	千葉県
レクセルマンション南大沢フォーレスト	東京都
幕張第2	千葉県
サンリヤン別府	福岡県
クレストフォルム市川南ウッドスクエア	千葉県
ロイヤルアーク都島	大阪府
セレッソコート池田アヴァンセ	大阪府
泉ガーデンレジデンス	東京都
サンマンション　アトレ大府	愛知県
ライオンズステーションプラザ栗平	神奈川県
ジェイパークシティ川崎	神奈川県
ザ・ドチェスター南麻布	東京都
レクセルプラッツァ蒲生	埼玉県
セ・パルレ中央林間	神奈川県
ライオンズヴィアーレ港北ニュータウン	神奈川県
ライオンズガーデン志木南	埼玉県
ライオンズマンション中野平和の森公園	東京都
エスタテラ湘南台	神奈川県
レクセルプラッツァみずほ台	埼玉県
クレッセント鶴見中央シーズニア	神奈川県
グランドメゾン靭本町西	大阪府
ライオンズステージ西立川フォレストアヴェニュー	東京都
サンウッド文京開運坂上	東京都
ローレルコート南柏	千葉県
ランドワーフ・練馬中村橋	東京都

	建物名称	所在地
	ライオンズヴィアーレ横濱ベイ壱番館	神奈川県
	ライオンズマンション高松錦町	香川県
2003	ルネ新宿御苑タワー	東京都
	ヴェーヌ塚本	大阪府
	ライオンズシティお花茶屋	東京都
	びゅうパルク戸田公園	埼玉県
	プレリオン浜田山	東京都
	SPITZE	東京都
	ライオンズマンション武蔵新城 緑園の街 弐番館	神奈川県
	パインフィールド洛西	京都府
	G.A.タワー	愛知県
	ライオンズガーデン府中是政	東京都
	サンウッド文京東大前	東京都
	グランブレム練馬高野台	東京都
	レクセルガーデン篠崎	東京都
	ライオンズマンション朝霞栄町	埼玉県
	ライオンズマンション武蔵新城 緑園の街 壱番館	神奈川県
	ライオンズマンション香枦園プラージュ	兵庫県
	グランセリオン東習志野	千葉県
	セルシオヒルズすずかけ台	東京都
	東京レジデンス	東京都
	六本木ヒルズレジデンス	東京都
	ライオンズスクエア川崎京町	神奈川県
	ルネシーズンズ千里の丘	大阪府
	ローレルスクエア千葉ニュータウン中央(第1工区)	千葉県
	レクセルガーデン小岩	東京都
	ジュオール北畠	大阪府
	ダイアパレスグランパティオ	愛知県
	レクセルプラザ村上	千葉県
	ザ・センターステージ シティハウス八事	愛知県
	ライオンズマンション鷺沼フォレストヒルズ	神奈川県
	八事アインス	愛知県
	アールフォーラム新浦安	千葉県
	レクセルマンション西国分寺	東京都

	建物名称	所在地
	ユアコート東長崎	東京都
	ウェルガーデン(Ⅰ期)	千葉県
	アブレスト平針	愛知県
	レクセルガーデン松戸胡録台	千葉県
	メゾン芦屋・松の内	兵庫県
	パークスクエア小石川	東京都
	墨田一丁目第2アパート	東京都
	ファミール都立大学	東京都
	美しが丘ハイム	神奈川県
	メゾン芦屋・三条町	兵庫県
	ファーストヒルズ飯田橋	東京都
	湘南平塚ハイム	神奈川県
	グランパティオス公園東の街	千葉県
	グレイスコート代々木公園	東京都
	等々力ガーデンハイム	東京都
	レクセルマンション茅ヶ崎	神奈川県
	ラ・トゥール芝公園	東京都
	レクセルプラッツァ国立	東京都
	高輪シティハウス	東京都
	海岸通りハウス	大阪府
	エアーズシティ	東京都
	レクセルプラッツァめじろ台	東京都
	ロイヤルアーク京町	熊本県
	ダイアパレス赤坂けやき通り	福岡県
	レクセルマンション高根公団	千葉県
	TKフラッツ大山	東京都
	カルム南青山	東京都
	パインフィールド洛南	京都府
	クレッセント仙台坂パークサイド	東京都
	ウェルガーデン(Ⅱ期)	千葉県
	ハウス中村橋南	東京都
	グランファースト新浦安	千葉県
2001	ライオンズステージ下高井戸	東京都
	メゾン岡本五丁目	兵庫県
	サンウッド目白台	東京都
	ライオンズマンション元代々木グランフォート	東京都
	レクセルマンション亀有	東京都
	レインボー中津	大阪府
	レクセルプラッツァせんげん台	埼玉県
	レクセルプラッツァ新八柱	千葉県
	ヒルハイツ文京・春日	東京都
	TIO舞子	兵庫県
	神戸海岸通りハーバーフラッツ4番館〜7番館(Ⅱ期)	兵庫県
	メゾン千里桃山台	大阪府
	ウェルガーデン(Ⅲ期)	千葉県
	ヒルズ目白坂	東京都
	ライブタワー武蔵浦和	埼玉県
	アクアパークCITY岸和田南3番館	大阪府
	ロイヤルアークレイナランド	大阪府
	エントピア江坂	大阪府
	アリアシティ	東京都
	エムステージ・イースティア	東京都
	リーベスト上池台	東京都
	ライオンズマンション南青山グランフォート	東京都
	ユニ加茂壱番館	京都府
	ヴェラシス浦賀2番館	神奈川県
	ロイヤルアーク松ヶ丘	千葉県
	ナイスヒルズコート山王台	東京都
	クリオレミントンハウス横濱山手	神奈川県
	ルリエ大船	神奈川県
	磯子中原グレイスコート	神奈川県
	カームコート芦屋	兵庫県
	つつじヶ丘ガーデンハウスサニーサイドレジデンス	東京都
	ライオンズマンション荻窪グランフォート	東京都
	クレッセントオードヴェール	神奈川県
	レクセルマンション西船橋第2	千葉県
	アリアシティ	東京都
	クレッセントアクアポリス	神奈川県
	目黒大塚山ローレルコート	東京都
	アルス高輪桂坂	東京都
	グリーンティエラ星が丘	神奈川県
2002	ヴェルデゾーナ新八柱	千葉県
	八事シティハウス フロントステージ	愛知県

建物名称	所在地
コーポ中目黒	東京都
レールシティ八王子かえで通り	東京都
ハウス武庫之荘	兵庫県
ハウス芦屋	兵庫県
ハウス甲風園	兵庫県
高崎タワー21	群馬県
幡ヶ谷ハイムグランシス	東京都
六甲アイランドCITYイーストコート10番街	兵庫県
横須賀汐入ハイム(3号棟)	神奈川県
メゾン仁川高台	兵庫県
藤和砧公園ホームズ	東京都
藤和シティホームズ自由が丘	東京都
レクセルマンション淵野辺第2	神奈川県
レクセルマンション中神第2	東京都
ダイアパレス平和台ファースト	東京都
ウィンベルコーラス向島	東京都
ロイヤルアーク練馬	東京都
レジデンス芦屋くすのき	兵庫県
クリオ藤沢鵠沼壱番館	神奈川県
グランドメゾン東豊中	大阪府
藤和神楽坂ホームズ	東京都
ハウス鵠沼	神奈川県
王禅寺ハイム	神奈川県
ライオンズステーションプラザ江古田	東京都
パークスクエア小石川	東京都
アーネスト六泉寺ガーデンヒルズ	高知県
阪急西宮マンション	兵庫県
ライオンズステーションプラザ新狭山	埼玉県
TK新橋ビル	東京都
グランドメゾン学園前ベリエ	奈良県
千代田ファーストビル	東京都
ライオンズステーションプラザ松戸	千葉県
ライオンズマンション浮間公園第6	東京都
スコーレ四条畷	大阪府
レクセルガーデン志津	千葉県
ザ・ウィンベル与野	埼玉県
テラス西荻窪	東京都
ルネ苦楽園	兵庫県
ゲートシティ大崎サウスパークタワー	東京都

	建物名称	所在地
	駒場ハイム	東京都
	メゾン御影西平野町	兵庫県
	メゾン御影山手	兵庫県
	ライオンズプラザ平塚見附町	神奈川県
1999	ルート麻布十番	東京都
	神戸マンション	京都府
	グランドメゾン徳川園	愛知県
	プラネスーペリア与力町	大阪府
	今里タワーズ	大阪府
	ハウス久我山	東京都
	東急ドエルプレステージ瀬田サウステラス、ノーステラス	東京都
	ダイアパレス平和台エルウィングス	東京都
	レクセルプラザ河辺	東京都
	メゾン神戸六甲	兵庫県
	ラ・トゥール芝公園アネックス	東京都
	ヴィルヌーブタワー駒沢	東京都
	等々力の杜ハイム	東京都
	メゾン岡本七丁目	兵庫県
	レクセルマンション王子神谷	東京都
	ローレルハイツ神戸1号棟	兵庫県
	ザ・ガーデンハウス武蔵野	東京都
	レクセルガーデン東所沢	埼玉県
	レクセルマンション国分寺	東京都
	レクセルガーデン新八柱	千葉県
	レクセルガーデン蒲生	埼玉県
	レクセルガーデン常盤平	千葉県
	三鷹下連雀グレイスコート	東京都
	レクセルガーデン昭島	東京都
	アクアパークCITY岸和田南1番館、2番館	大阪府
2000	ライオンズガーデン多摩永山	東京都
	アブレスト原	愛知県
	センチュリースクエア香久山	愛知県
	神戸海岸通りハーバーフラッツ(Ⅰ期)	兵庫県
	マナーハウス成城	東京都
	サンヴェール西荻窪	東京都
	パルコートグランオアシス	兵庫県

	建物名称	所在地
	レクセル海老名	神奈川県
	ダイアパレス平塚総合公園	神奈川県
	ダイアパレス北浦和	埼玉県
	ハウステージ多賀城 II	宮城県
	レクセル朝霞第2	埼玉県
	パークハイツ武蔵浦和	埼玉県
	ハウス世田谷松原	東京都
1996	ルネ戸田公園駅前	埼玉県
	コスモフェスタ蕨	埼玉県
	世田谷上町ハイム	東京都
	リーベスト和光 II	埼玉県
	パティオス12番街	千葉県
	ハウス山の手八幡坂	東京都
	サン・コーポラスいわき内郷	福島県
	レールシティ八王子	東京都
	ハウス城北中央公園	東京都
	レクセル成増	埼玉県
	レクセル青砥第2	東京都
	レクセル市川	千葉県
	レクセル若葉	埼玉県
	ダイアパレス・グランデージ日吉	神奈川県
	ルネ三栄町	東京都
	メゾン西宮鳴尾	兵庫県
	クレスト見晴坂	東京都
	藤和シティホームズ東林間	神奈川県
	戸田ハイム	埼玉県
	ライオンズステーションプラザ南浦和	埼玉県
	ライオンズガーデン高幡不動	東京都
	杉並和泉ハイム	東京都
	ハウス相模大野パークサイド	神奈川県
	国立ハイム	東京都
	フォンテーヌ浜芦屋	兵庫県
	ライオンズガーデン梶が谷	神奈川県
	ハラダテラス	東京都
	グランデュオ北街区・南街区	埼玉県
	メゾン文の里・阿倍野ツイン	大阪府
	目黒三折坂ハイム	東京都
	サンシティ羽倉崎	大阪府
	レクセルマンション愛甲石田第2	神奈川県

	建物名称	所在地
1997	グランドメゾン学園前ベリエ	奈良県
	パルコート桃山北・大和坂	京都府
	レクセルマンション南林間第3	神奈川県
	ファミールヴィラ多摩	神奈川県
	六甲アイランドCITYイーストコート7番街	兵庫県
	横須賀汐入ハイム	神奈川県
	ライオンズステージ常盤平	千葉県
	ライオンズマンション稲毛海岸駅前	千葉県
	中野ハイム	東京都
	ビレッジハウス潮見タワー	東京都
	調布の森ハイム	東京都
	ヴィルヌーブ小手指	埼玉県
	ルート大京町	東京都
	ルート大久保マンション	東京都
	青葉台ハイム	神奈川県
	レクセルマンション秋川	東京都
	ライオンズガーデン三鷹台	東京都
	メゾン花屋敷東	兵庫県
	アルカハビタ	東京都
	メゾン仁川	兵庫県
	レールシティ高槻ビゴレ	大阪府
	ライオンズステーションプラザ用賀	東京都
	スコーレ東生駒	奈良県
	藤和ライブタウン新百合ケ丘	神奈川県
	茨木三島丘ウエスト1号棟	大阪府
	エイトピア東小金井	東京都
	横須賀汐入ハイム(2号棟)	神奈川県
	クラッシイハウス白金三光坂	東京都
	ハウス中野	東京都
	ライオンズテラス港北ニュータウン	神奈川県
	ヴィルヌーブタワー横浜・関内	神奈川県
	ザ・ステイツ志木幸町	埼玉県
	新宿パークサイドタワー	東京都
	キャナルタウン中央	兵庫県
	パストラール尼崎、ラ・ヴェール尼崎	兵庫県
1998	アブレスト動坂	東京都
	ライオンズプラザ本八幡	千葉県

	建物名称	所在地
	グランフォルム青葉台	神奈川県
	シテヌーブ北千住30	東京都
	ハウス朝霞台	埼玉県
	シーブリーズ金沢	神奈川県
1991	グランデュオ本牧	神奈川県
	フレール仙台長町南	宮城県
	塩屋みどり団地	兵庫県
	ファミーユ寿楽荘	兵庫県
	コスモ守山5番館	滋賀県
	フォルム上池台	東京都
	フジタ第5鳥羽マンション	三重県
	レールシティ津田沼	千葉県
	コスモシティ三宮東	兵庫県
	ダイアパレスロイヤル八事	愛知県
	有栖川ヒルズ	東京都
	アコール北千住	東京都
	シティータワー仙台	宮城県
	カーサ井門	東京都
	フレール早稲田	東京都
	グランエスト江坂	大阪府
	ベルク両国	東京都
	西池袋ハイム	東京都
1992	ベルフォールマスダNO.3	東京都
	ハウステージ長町南	宮城県
	グリーンパーク北綾瀬第8	東京都
	両国シティコア	東京都
	リーベスト所沢	埼玉県
	エステム堺萩原天神	大阪府
	フレール仙台泉中央	宮城県
	メゾン北畠YAMAMOTO	大阪府
	パルタウン学園	兵庫県
	アレックス千駄木	東京都
	クラッシィハウス弦巻	東京都
	原宿グランドヒルズ	東京都
	メゾン春日台	広島県
1993	ライオンズマンション筑波学園都市	茨城県
	ヴィルヌーブ西日暮里	東京都

	建物名称	所在地
	ライオンズガーデン稲毛園生町	千葉県
	ライオンズテラス武蔵小金井	東京都
	ハウス小杉陣屋町	神奈川県
	レールシティ宮城野	宮城県
	綱島ハイム	神奈川県
	アス西早稲田	東京都
	ハウス大宮日進	埼玉県
	ハウス中央林間	神奈川県
1994	恵比寿アーバンハウス	東京都
	リバーサイド読売ハイツ	東京都
	ディア・コルモ武庫が丘	兵庫県
	ハウステージ多賀城	宮城県
	ロイヤルピロポ	和歌山県
	聖路加レジデンス	東京都
	レールシティ高槻（1番館・2番館）	大阪府
	桜上水ハイム	東京都
	小金井ハイム	東京都
	藤和シティホームズ代々木	東京都
	ライブヴィラ多摩	神奈川県
	西国分寺ハイム	東京都
	ライラック三榮ビル	東京都
	久我山南ハイム	東京都
	武蔵関ハイム	東京都
	グランドウィング舞子高原	新潟県
1995	ステーザ府中中河原	東京都
	六甲ハイツ	東京都
	パティオス5番街	千葉県
	ライオンズガーデン馬事公苑	東京都
	藤和碑文谷ホームズ	東京都
	ライオンズマンション茅ケ崎海岸第2	神奈川県
	メゾンノア	東京都
	ハウス三軒茶屋	東京都
	グランドメゾン千里山西	大阪府
	ヨコソーレインボータワーハイツ	東京都
	藤和シティホームズ千歳烏山	東京都
	ファミーユ甲子園口	兵庫県
	ライオンズマンション立川錦町	東京都
	ヴィルヌーブ保土ケ谷	神奈川県

	建物名称	所在地
	ハウス吉祥寺	東京都
	アセントマウンテン容湖	神奈川県
	メゾン六甲ホワイトコート	兵庫県
	メゾン本山	兵庫県
1985	西大島ハイム	東京都
	ファミーユ塚口	兵庫県
	桜台ハイム	東京都
	ハウス梅ヶ丘	東京都
	メゾン宝塚山本	兵庫県
	ハウス大森山王	東京都
	ハウス下馬	東京都
1986	エミネンス富紀	東京都
	ルネ御苑プラザ	東京都
	ファミーユ芦屋川	兵庫県
	大竹マンション	東京都
	ルネ蕨	埼玉県
	塩屋団地(第一期)	兵庫県
	ラ・シーヌ砧	東京都
1987	芦屋ヒューマンズ	兵庫県
	TOP花小金井	東京都
	ハウス世田谷三宿	東京都
	パレ池上	東京都
	グランドメゾン瀬田	東京都
	アーバンヒル上町	大阪府
	塩屋団地(第2期)	兵庫県
	ライオンズマンション武蔵小杉	神奈川県
1988	カレッジタウン	東京都
	スカイシティー鵠沼	神奈川県
	TOP鰭ヶ崎	千葉県
	グリーンパーク水元パークサイド	東京都
	ライオンズマンション保土ヶ谷第3	神奈川県
	ライオンズマンション萩山	東京都
	ルネ世田谷	東京都
	つくば5号館	千葉県
	フジタ第3鳥羽マンション(第1期)	三重県
	セピアコート蒲田	東京都
	フィオーレ下鴨	京都府
	グランフォルム高井戸東	東京都
	メゾン東桃山台	大阪府
	要町ハイム	東京都
	ブルックス神戸	兵庫県
	塩屋団地(第3期)	兵庫県
1989	ルネ関内プラザ	神奈川県
	藤和マノワール上用賀	東京都
	ロイヤルヴィーゼ学芸大	東京都
	ファミーユ香枦園	兵庫県
	グランフォルム白金日吉坂	東京都
	新多摩川ハイム(1〜6号棟)	神奈川県
	リバーサンズ南藤沢	神奈川県
	フジタ第3鳥羽マンション(第2期)	三重県
	アレックス 日乃本	東京都
	NSセントラルハイム	東京都
	グリーンパーク花畑6	東京都
	ライオンズヒル旭町	新潟県
	メゾン名谷	兵庫県
	芝ハイツ	東京都
	ライオンズマンション板橋中丸町	東京都
	スカイシティ南藤沢	神奈川県
	ルネ夙川	兵庫県
	宝塚南口ハイム	兵庫県
	グランティ桑名	三重県
1990	グリーンパーク水元VII	東京都
	ダイアパレスロイヤル上町台	大阪府
	エステート岡本台	兵庫県
	ロイヤルアーク藤沢台	大阪府
	ハウス南烏山	東京都
	メゾン雲雀丘花屋敷	兵庫県
	ダイアパレスロイヤルシティ東幸町	新潟県
	六甲アイランドCITYイーストコート4番街	兵庫県
	ウインダム山中湖	山梨県
	ダイアパレス茜町	香川県
	グリーンパーク八潮第10	埼玉県
	パレール川崎	神奈川県

▶▶▶ 日建ハウジングシステムが携わった主なプロジェクト一覧

	建物名称	所在地
1971	日吉第2ハイム	神奈川県
	下馬ハイム	東京都
	上野毛ハイム	東京都
1972	ハウス白鷺	東京都
	番町ハイム	東京都
	西船橋ハイム1号棟	千葉県
	ハウス西荻	東京都
1973	つつじヶ丘ハイム	東京都
	深沢ハイム	東京都
	ハウス経堂	東京都
	大倉山ハイム	神奈川県
	用賀ハイム	東京都
	ハウス上野毛	東京都
	松戸ハイム	千葉県
1974	武蔵境ハイム	東京都
	ハウス西落合	東京都
	シーアイ・マンション西千葉	千葉県
	上石神井ハイム	東京都
1975	柏ハイム	千葉県
	聖一色運動場前ハイム	静岡県
	ファミーユ住吉	兵庫県
	首里ハイム金城町	沖縄県
	ファミーユ上甲子園	兵庫県
	ハウス金沢八景	神奈川県
	首里ハイム観音堂前	沖縄県
1976	ハウス豊玉	東京都
	ニューステートメナー	東京都
	ファミーユ御影	兵庫県
	生田ハイム	神奈川県
	ファミーユ本山	兵庫県
1977	ファミーユ芦屋	兵庫県
	ファミーユ御影本町	兵庫県
1978	ファミーユ岡本	兵庫県
	行徳ハイム	千葉県
	ファミーユ豊中本町	大阪府
1979	大倉山ハイム(3〜8号棟・集会棟)	神奈川県
	マンション井門	東京都
	ハウス高田馬場	東京都
	ファミーユ御影城の前	兵庫県
	ハウス元住吉	神奈川県
	大京町マンション	東京都
	ハウス深沢	東京都
1980	ファミーユ住吉牛神前	兵庫県
	渋谷美竹ハイム	東京都
	ハウス若松町	東京都
1981	ハウス初台	東京都
	ハウス南ときわ台	東京都
	杉並和田ハイム	東京都
1982	成城ハイム	東京都
	グランドメゾン船場	大阪府
	多摩川ハイム(1〜3号棟、管理棟)	東京都
	梅ヶ丘ハイム	東京都
	千歳烏山ハイム	東京都
	ファミーユ千里	大阪府
1983	メゾン春日出	大阪府
	ルネ中目黒ガーデン	東京都
	吉祥寺ハイム	東京都
	門前仲町ハイム	東京都
	大森ハイム	東京都
	橿原市営四条池団地	奈良県
	グランドメゾン麻布十番館	東京都
	メゾン武庫之荘	兵庫県
1984	氷川台ハイム	東京都
	クラルテ代々木公園	東京都
	ハウス南経堂	東京都
	ツイン壱岐坂	東京都
	東松原ハイム	東京都

【著者】

日建ハウジングシステム設計部

株式会社日建ハウジングシステムは、1970年に日建設計より分社・独立。大規模ニュータウンが誕生したマンション黎明期に設立されて以来、50年以上にわたり、集合住宅などの設計に豊富な知見を生かし、「暮らし」の仕組みづくりを通じて住関連分野で高い信頼を築いてきた。同社の設計部では、これまでに12万戸を超える集合住宅を手掛けており、都市集合住宅の企画・設計および調査研究に卓越した専門性を誇る。

本当に価値のある
マンションの見つけ方

2025年3月3日　初版1刷発行

著　者　日建ハウジングシステム設計部
発行者　宮澤明洋
発　行　株式会社小学館
〒101-8001　東京都千代田区一ツ橋2-3-1
電話　編集　03-3230-5901　販売　03-5281-3555

印刷所　大日本印刷株式会社
製本所　牧製本印刷株式会社
企　画　須崎正裕、鈴木啓之、三宅智良、西村ひかる、渋谷篤
（以上、日建ハウジングシステム設計部）

デザイン　中川 純（DEux）
イラスト　小森夏海
図　版　日建ハウジングシステム設計部
校　正　濱松岳志（聚珍社）
執筆協力　佐藤恵菜
編　集　宮澤明洋、高野杏里
企画協力　磯貝眞男、宮本明日香
撮　影　（82～96ページ）／石島写真事務所、岩為、エスエス、
小川泰祐写真事務所、雁光舎　野田東徳、川澄・小林研二写真事務所、
クドウフォト、NARU建築写真事務所、フォトオフィス矢崎、三島叡、
三輪晃久写真研究所、わたなべ・スタジオ　（五十音順）

●造本には十分注意しておりますが、印刷、製本などの製造上の
不備がございましたら「制作局コールセンター」（フリーダイヤル0120-336-340）にご連絡ください。
（電話受付は、土・日・祝休日を除く9:30 ～ 17:30です）

Printed in Japan ISBN 978-4-09-311589-6